내가 만난 스웨덴 MBA

내가 만난 스웨덴 MBA

초판 1쇄 인쇄 2013년 10월 01일
초판 1쇄 발행 2013년 10월 09일

지은이 손 무 영
펴낸이 손 형 국
펴낸곳 (주)북랩
출판등록 2004. 12. 1(제2012-000051호.)
주소 153-786 서울시 금천구 가산디지털 1로 168,
우림라이온스밸리 B동 B113, 114호
홈페이지 www.book.co.kr
전화번호 (02)2026-5777
팩스 (02)2026-5747

ISBN 979-11-5585-046-6 03320(종이책)
979-11-5585-047-3 05810(전자책)

이 도서의 국립중앙도서관 출판시도서목록(CIP)은 서지정보유통지원시스템 홈페이지(http://seoji.nl.go.kr)와
국가자료공동목록시스템(http://www.nl.go.kr/kolisnet)에서 이용하실 수 있습니다.
(CIP제어번호 : 2013019329)

내가 만난
스웨덴
MBA

Master M of business Administration

손무영 지음

Leadership Business Process
Marketing Project Manager
Management Control Human Resource
Strategy People & Process

2년 동안 저자가 보고 듣고 느낀 경영학의 진수!
유럽식 MBA는 **미국식 MBA**와 어떻게 다를까?

book Lab

CONTENTS

Prolog

1990년대 서태지가 외계인이라는 기사를 읽은 적이 있는가? 어릴 적 부모님이 다락방에 들어가지 못하게 해서 무언가 숨겨져 있을 거라는 의심을 가져본 적이 있는가? 외부인출입금지 팻말이 붙어있는 지역에 들어가 보고 싶은 충동을 느껴본 적이 있는가? 하지만 설령 당신이 여자화장실에 들어갈 수 없다 하더라도 그 이유는 당신이 '남자'이기 때문이지 여자화장실에 여자들만의 특별한 것이 숨겨져 있기 때문은 아니다. 나의 MBA에 대한 환상도 그렇게 시작되었고 그렇게 깨져갔다.

*** MBA 수업에는 엄청난 비밀이 숨겨져 있을 거야

이것이 MBA에 대한 나의 환상이었다. MBA만 졸업했다 하면 두 배, 세 배씩 월급이 뛴다는 신문기사나 소위 말해 잘나간다는 경영자들은 모두 MBA 출신이라는 이야기도 나의 MBA에 대한 동경을 부채질했다. 유명한 학교들이 요구하는 높은 자격요건은 MBA 수업에 비밀이 숨겨져 있을 것이라는 환상을 더 키워주어 나로 하여금 오히려 오기가 생기게 했다.

MBA에 가겠다고 결심한 순간 나는 곧 당장에라도 부자가 될 수 있을 것만 같았고 졸업장을 손에 들자마자 내로라하는 기업들이 서로 모셔가려고 싸우지는 않을는지 걱정이 되었다. MBA 강의실에 앉아있으면 세계가 어떻게 돌아가는지 한눈에 알아볼 수 있을 거라는 확신이 있었다. 교수들은 책에도 나와 있지 않은 최신 경영기술을 가르쳐줄 거라고 굳게 믿고 있었다.

사람이 목표를 가지고 오기를 부리면 불가능한 일이 없다. 나는 MBA에 가겠다는 생각만으로 꼬박 3년 동안 돈을 모았다. 돈을 모으기 위해 나는 온갖 주7일 근무도, 허드렛일도 마다하지 않았다. 하지만 막상 수업이 시작되자, MBA에 대한 나의 오기가 착각에서 비롯된 것이었음을 알아차리는 데 그리 오랜 시간이 걸리지는 않았다.

*** MBA는 문제의 정답을 알고 있을 거야

첫 번째 리더십 과목의 어떤 수업시간이었다. 나이 지긋해보이는 교수가 James G. March의 리더십 이론(1991, On Leadership)에 대해 강의를 마치자마자 수많은 학생이 서로 손을 들고 March의 이론에 대해 악평을 늘어놓기 시작했다.

"March는 모험과 안정의 조화를 강조했는데요. 하지만 실제로 기업에서는 안정이 기반되지 않으면 모험은 무모해질 수 있습니다."

"갓 창업된 벤처기업의 경우에는 March의 이론이 적용되지 않습니다."

"시대가 많이 변했는데요. 그 이론은 남성 위주의 구시대적 발상인 것 같습니다."

March의 리더십 이론은 교실 안에서 그야말로 집중포화를 맞았다. 근대 리더십 이론 주창자의 명예가 한순간에 낡아빠진 옛날이야기가 되어가는 순간이었다. March 교수는 경영자들에게는 아버지와 같은 분이다. 경영학자가 March 교수의 논리를 부정하는 것은 과학으로 말하자면 "에디슨이 만든 전구는 가짜다"라고 말하는 것과 같다. 학부 시절, 리더십 교육을 시작하면서부터 March 교수에 대한 이야기를 귀에 못이 박히도록 들어온 나로서는 이 교실에서 도대체 무슨 일이 일어나고 있는 것인지 이해할 수가 없었다.

이곳의 학생들은 당연시되어오던 이론에 돌을 던지고 있었다. 외국 대학의 많은 교수들은 한국인 학생들이 정답을 묻는 행동에 대해 이해하지 못한다고 한다. 이곳의 질문들은 깊게 생각하도록 그리고 비평할 수 있도록 만들어진 질문이 대부분이다. 다시 말하자면 정답이 없는 질문인데 한국 학생들은 정답을 알려달라고 고집부린다는 것이다.

MBA에 정답 따위는 존재하지 않는다. 의견만 존재할 뿐이다. 작년에 모든 사람이 주목했던 최신경영기법도 올해에 와서는 똑같이 적용되지 않는다. 그 특별하고 대단했던 경영학 이론마저도 매년 바뀌는 것이다. 더 나은 의견은 교수가 아닌 학생들의 경험과 비판에서 나온다. 다시 말해 학생들의 의견이 최고의 교과서가 되는 것이다. 그것이 MBA의 사고방식이었다. 결국 MBA는 정답을 가르쳐주는 곳이 아니었다.

제임스 마치(James Gardner March)
미국의 경영학자. 의사 결정과정과 조직이론에 대한 연구를 많이 했으며 행동 과학적 조직론 또는 조직론적 경영학 발전에 크게 이바지함.

*** MBA 강의가 그렇게 대단해?

MBA 수업에서 강의가 차지하는 비중은 그다지 높지 않다. MBA 수업
은 주로 토론식 수업이 진행되는 경우가 대부분이며, 수업을 준비하기 위
해 미리 제시된 논문들을 읽어와야 한다. 첫 과목이 시작되자마자 사랑
스러운(?) 우리의 교수님들께서는 엄청난 양의 과제를 선물로 안겨주셨
다. 첫날 수업이 시작되기 전까지 모두 읽어오라며 영어로 된(당연하겠지만)
논문 40여 개를 제시해 주신 것이다. 첫 수업부터 논문 40개라니, 시작하
자마자 눈물부터 나올 뻔했다. 토론식 위주의 수업과 논문을 이용한 수
업준비에 적응되어가면서 느낀 것이지만 매번 수업 때마다 평균 20~30개
가량의 논문을 읽어가야만 했다. 그중 일부는 정말 어렵고 매우 길어 읽
기 힘들기도 했으며, 인터넷과 우리나라의 관련 자료를 모두 들추고 나서
야 대강 감이 잡힐 정도였다. 하지만 대부분은 인터넷과 도서관에서 쉽
게 구할 수 있는 것들로 각각 20~50페이지 분량의 길지 않고 매우 흥미
로우면서도 많은 생각이 들게 만드는 내용이었다. 그중 일부는 아주 쓰레
기 같다는 생각이 들기도 했고 다른 일부는 극찬의 말을 던져주고 싶다
는 생각이 들기도 했다.

무엇보다도 다른 친구들이 수업시간에 어떤 발언을 할지 알 수 없었기
때문에 도서관에서 비슷한 주제의 다른 논문을 찾아 더 읽어야만 했다.

강의는 교수가 학생들과 함께 미리 읽어온 논문들의 주제를 놓고 토론
하는 방식이 일반적이었으며 강의실에서 교수들이 하는 주요 역할은 학
생들의 토론이 올바른 방향으로 흘러가도록 유도하는 것이었다.

이따금 유명한 논문의 저자들이 찾아와서 자신의 연구결과에 대해 열

변을 토하기도 했으나 일반적으로 강의실에서의 학생들의 반응은 항상 엇갈리곤 했다. 학생들은 논문의 저자가 눈앞에 있다고 해서 악평을 삼가거나 자중하는 일은 없었다. 어떤 주제이건 간에 상관없이 서로 상대방에 반대되는 자기 생각을 늘어놓았고 교실은 아수라장이 되었다.

그렇다고 그 저자 본인에게 질문을 던진다고 해서 시원스러운 대답을 얻을 수 있는 것도 아니었다.

한번은 "교수님께서 제안하신 유통이론을 인터넷 기업에도 적용할 수 있을까요?"라고 질문을 던져 보았더니, 돌아온 대답은 "글쎄요. 인터넷 기업은 인터넷 기업만이 가진 특성이 있지요. 함께 생각해봅시다"라는 것이 전부였다. 그리고는 인터넷 기업의 유통방식에 대한 온갖 의견들이 사방에서 쏟아져나오는 식이다.

그도 그럴 것이 원래 경영학이라는 주제가 말 많고 논쟁 많고 정답은 없는 학문이다. 모든 이론은 상황에 따라 대답이 달라지고 내려지는 결정 또한 매우 달라질 수 있다. 심지어 GE의 잭 웰치나 애플의 스티브 잡스가 와서 질문을 받는다고 해도 시원스럽게 딱 떨어지는 해결책을 내놓지는 못할 것이다. 누구도 모든 상황에 맞게 딱 떨어지는 해결책을 아는 사람은 없다. 그런 해결책이란 존재하지 않으니까.

결국 MBA 강의실은 특별한 무언가를 제공해 주는 곳도, 엄청난 비밀이 숨겨져 있는 곳도 아니었다.

"뭐라고? 이게 전부라고? 그럼, 책에도 나오지 않는 최신 경영기술은? 세계가 어떻게 돌아가는지는 어떻게 알 수 있는 거야?"

어쩌면 나는 강의실에 앉아 영화에 나오는 미국 첩보기관의 최첨단 인공위성 감시화면이나 미래학자들이 사력을 다해 기록한 예언서라도 들여다보기를 원했던 건지도 모르겠다.

MBA가 제시하는 것은 내가 지금 어디쯤 있는지, 어디로 가고 있는지 상황을 파악하는 '눈치'였다. 교수들은 언제나 의견을 제시하기 이전에 그에 상응하는 반대의견을 먼저 제시했다. 학생들은 양쪽의 의견을 모두 듣고 충분히 생각을 정리한 다음에 자신의 의견을 발표하는 법을 배워나갔다.

*** MBA라는 간판을 얻겠다고 이걸 하는 거잖아?

하루는 학과장이 학생들에게 메일을 보내왔다.

"오는 20일에 영국의 셰퍼드 Executive MBA 학교에서 교수진과 학생들이 SAAB 본사와 IKEA 등을 탐방하기 위해 우리 학교를 방문할 예정입니다. 그들이 와서 머무르는 동안 그들의 방문을 도와줄 사람들이 필요합니다."

쉽게 말하자면 그 학생들에게 우리 학교를 소개하고 놀아(?)주라는 이야기이다. 하지만 영국의 Executive MBA와 북유럽의 MBA가 어떻게 다를지 궁금했던 나로서는 상당히 흥미로운 제안이 아닐 수 없었다. 나는 즉각 '그 학생들을 간절히 만나보고 싶다'는 내용의 메일을 보냈다.

방문 당일, 우리는 약 3명의 교수진과 8명의 학생을 만나서 시내 이곳저곳을 돌아다녔다. 일반 MBA 프로그램과는 달리, Executive MBA는 최소 5년 이상의 경력, 매니저(과장) 이상의 보직이 필요하며, 그리고 회사가 학비를 충당해야만 학생들을 수용한다. 그렇다 보니 학생들이라고는 했지만 대부분 40이 넘어, 누가 학생이고 누가 교수진인지 분간하기 힘들 정도였다.

영국 런던의 한 부동산 투자회사에 다닌다는 산제이는 낮에는 일하고 밤에는 MBA 수업을 따라가느라 정신이 하나도 없다고 말했다.

"그래? 그 학교에서는 어떤 과목을 배우는데?"라는 질문에 산제이는 경영컨설팅, 리더십, 재무 등을 열거했다. 표면적으로 볼 때 배우는 과목이나 수업방식에서 별 차이는 없어 보였다. 다만 가장 큰 차이가 있었던 부분은 학생 수가 고작 18명에 불과하다는 사실과 모두 이미 특정 회사의 고위 간부들인데다 회사 측에서 학비를 충당하는 입장이다 보니 과제를 학교가 아닌 회사 측에서 제공할 때가 많다는 것이었다. 그러다 보니 아무래도 학생들이 과제수행에 쉽게 몰입할 수 있다고 한다.

어떻게 보면 회사 측에서는 자신들이 해결하기 어려운 과제를 던져주고 유능한 학생들과 교수진이 머리를 맞대고 해결책을 찾아가는 과정에서 상호 윈윈하는 결과물이 생겨나는 것이 아닐까 싶었다.

"그럼 너는 학부과정을 마치고 회사에 다니다가 MBA에 온 거야?"

"아니, 부동산 관련 전공으로 학부, 석사, 박사까지 이미 모두 마쳤어. 그러고 나서 이제 MBA를 하는 거야."

그 말에 나는 어이가 없었다. 박사과정을 이미 마친 사람이 다시 MBA(경영학 석사)를 하겠다고 학교로 돌아왔다니……

"박사과정까지 이미 마쳤으면서 왜 다시 MBA를 밟으려고 생각한 거야? 왜 굳이 MBA를 하는 건데?"

그러한 나의 물음에 산제이가 말을 꺼냈다.

"많은 사람이 MBA에서 뭘 배웠느냐고 물어보곤 하지. 그리고 왜 MBA를 해야 하는지 궁금해들 하더군. 사실 굳이 MBA를 할 필요는 없어. 물론 MBA가 너의 가능성을 무한히 열어주는 건 사실이지만 사실 난 이렇게 생각해. 학교에서 가르쳐주는 것들은 아무런 의미가 없는 거야. 오히려 거기에서 만나는 사람들 그리고 경험하는 것들 그 가운데서 너 자신이 의미를 발견할 수 있으면 그게 MBA의 가치인 거야. 너는 지금 내가 다니는 Executive MBA가 회사와 연계가 잘 되어 있다고 해서 우리 학교를 부러워하는데 나는 오히려 너희 학교의 장점이 더욱 부럽다고 생각해. 생각해 봐. 저마다 다른 나라에서 온 70명이나 되는 학생들이 다 너의 친구들이야. 물론 자기 나라에 돌아가서도 무언가 큰일을 하기 시작하겠지. 나는 영국에 거주하는 18명의 인맥을 얻었지만 너는 이제 전 세계 어디를 가더라도 친구가 있는 거잖아."

MBA를 선택하는 사람들과 MBA를 선택하지 않는 사람들의 차이점이 그 사람들의 가치를 대변해주지는 못한다. 오히려 자기 자신의 가치관에 의해서 MBA를 선택하지 않는 사람들도 많이 있고 MBA를 하다가도 그만두고 더 좋은 기회를 찾아가는 사람들도 있다. 정작 중요한 문제는 "MBA를 했는가 하지 않았는가?"가 아니라, "MBA에서 무엇을 얻었는가?"이다. 모든 것은 내가 하기 나름이었다. 같이 공부한 친구들은 일부는 세계적인 기업에 고액 연봉을 약속받고 스카우트되어 갔으며 일부는 전에 하던 업무에 복귀했고 일부는 그냥 좋은 남자를 만나 가정주부로서 잘 살고 있다. 그들 또한 그들 나름의 의미를 찾아가고 있는 것이다. 결국 MBA라는 간판에 의미가 있는 것도 아니었다.

*** 그럼 나는 왜 MBA를 하는가?

내가 아르바이트를 하며 컴퓨터 관련 학과에 재학하고 있을 때였다. Y 대학교 경영학과에 재학 중이던 친구 하나가 벤처사업을 할 생각이라며 찾아왔다. 처음엔 그저 장난처럼 받아들였다. 그 당시에 벤처기업이 붐이 었던 시절이라 너도나도 벤처기업을 창업하겠다며 뛰어드는 친구들이 많이 있었다. 그래서 대강 이야기를 들어주고 뜯어말릴 생각으로 그 친구를 만났다. 그런데 뜻밖에도 그 친구의 표정은 제법 진지했다. 그 친구가 던져놓은 사업아이템의 아이디어는 그 당시 누구도 시도해보지 못한 것으로, 아이템이 더없이 좋았다. 시스템적으로 문제가 발생할 소지는 많이 보였다. 하지만 조금만 노력하면 충분히 보완 가능한 것들이었다. 나의 모든 것을 걸고 뛰어들어보고 싶은 충동도 생겼다.

우리는 사무실에서 수없이 밤을 지새웠고 그도 모자라 자료를 들고 학교마다 뛰어다니며 교수들에게 자문을 구하기도 했다. 힘들었지만 나름대로 밤을 새우는 보람이 있었다. 이 시스템만 성공적으로 구축해내면 대한민국의 시장을 뒤집을 수 있을 것이라 믿었다. 주로 그 친구의 돈이 많이 들어가기는 했지만 주로 아르바이트를 통해서 투자금을 모았고 모두 쏟아부은 돈이 약 8,000만 원에 달했다. 하지만 오래가지 않아 문제가 발생하기 시작했다. 마케팅은 이미 시작되었는데, 판매해야 할 제품의 공급이 미루어졌다. 기업이 존재 가능한 유일한 이유는 '원활한 자금 순환'이다. 들어와야 할 돈이 미루어지기 시작했을 때, 여유자금이 부족했던 우리는 당황하기 시작했다. 사무실 하나에 직원 4명, 전화세, 전기세, 그리고 세금. 이것만 해도 약 천만 원의 유지비가 매달 계산되어 나가고 있었다. 당장 지출해야 할 돈만 2천만 원. 당장 2천만 원을 어디서 구한단 말인가? 아, 이것이 사업자의 고민이로구나. 우리는 당장 메꾸어야 할 자금을 마련하기 위해 온갖 방법을 동원해보았다. 심지어는 카드깡까지 동원하여 자금을 일시 순환시켜보기도 했으나 장기적으로 해결책이 되지는 못했다. 결국 겨우 6개월가량 사무실을 유지하고는 폐업을 결정하게 되었다. 그 친구가 폐업신고를 하러 갔을 때 즈음. 나는 고민에 빠졌다. "사업아이템은 더없이 훌륭했어. 그런데 왜 실패한 거지?"

　물론 실패에 대한 원인은 많았다. 상품개발과 마케팅의 일정이 서로 맞지 않아 엄청난 금액을 쏟아부은 마케팅이 물거품이 된 것이 주효했다. 원했던 상품을 개발하기에는 투자금이 모자랐다는 생각도 들었다. 물론 제품개발에 큰 비용이 들어가기는 했지만, 상품이 제때만 나왔으면 아마도 시장을 뒤집을 만큼 최고의 작품이 나왔을 수도 있었다.

　그러던 중에 자문을 구하려 뛰어다닐 때 벤처기업을 운영하고 있던 졸업생 선배 중 한 명이 해준 이야기가 스쳐 지나갔다. "아무리 노력해도 너희는 시장을 움직일 수 없다. 시장을 움직이려고 하지 말고 시장을 읽고 앞서 가려고 노력해라." 순간 움찔했다. 아…… 나는 왜 시장을 바꾸겠다고 덤벼들었던 것일까? 근본적인 원인은 다른 데에 있었다. 실패의 진짜 원인은 '전략의 부재'였던 것이다. 이미 투자한 돈을 어떻게 다시 회수할 것인지에 대한 계획은 막연한 채 열정과 패기만 믿고 무작정 뛰어들었던 것이다. 그 결론에 도달했을 때, 나는 나의 전공인 컴퓨터공학을 버리고 경영학과로 옮겨, MBA를 하겠다는 결심을 하게 되었다. 지금 내가 그 사업을 다시 한다면 이번에는 성공할 수 있을까? 그것은 아무도 모른다. 상황이 많이 변했기 때문이다. 그때 세웠던 전략과 계획들은 지금에 와서는 하나도 적용되지 않는다. 하지만 적어도 그때 그 시절의 어리석음은 충분히 보완했다고 믿고 있다.

*** 유럽형 MBA

내가 스웨덴의 MBA 학교에 진학하겠다고 하자 친구들은 모두 나를 뜯어말리기 시작했다.

"왜 하필 스웨덴이야? 다른 학교도 얼마든지 있잖아. 좀 더 돈을 모아서 스탠퍼드라든지 MIT라든지 그런데 지원하는 게 어때?"

사람들은 미국의 MBA에만 초점을 맞춘다. 강대국인 미국을 배우겠다는 것이다. 대부분의 경영 트렌드가 미국에서부터 시작되므로 앞으로 다가올 시장을 읽기 위해서는 미국을 배우는 것이 맞다. 하지만 그렇다고 랭킹이 높은 MBA가 정답인 것은 아니다. MBA에 랭킹을 매기기 위해서 평가하는 항목에는 여러 가지가 있다. 그중에서 가장 중요하게 여기는 항목은 바로 '급여 상승지수'이다. MBA를 하기 전에 연봉 1,000만 원이던 학생이 MBA를 마친 뒤에 연봉이 1억 원으로 상승했다는 내용을 강조하고 있는 것이다. 바로 여기에서 모순이 발생한다. 대부분의 학생은 자신의 경력을 바꾸기 위해 MBA를 활용한다. 그렇다면 직업을 바꾸고자 하는 누군가가 MBA를 한 뒤에 어떤 직종에 취직하면 연봉 상승지수가 가장 높을까? 바로 금융이다. 그런 이유로 상위 랭킹에 올려져 있는 MBA들은 대부분 Finance MBA다. Finance MBA가 아닌 학교들은 아예 이미 CEO의 재목인 사람들만 뽑아와서, 이론을 배제한 채로 리더십에 대한 내용만 강조하는 경우가 많다. 나의 경우에는 전략을 공부하고 싶었기 때문에 이러한 학교들이 전혀 의미가 없었다. 게다가 모두 미국의 학교에 가고 싶어 하는 와중에 미국의 학교에서 공부하는 것은 차별화를 만들어낼 수 없다고 생각했다.

나의 경우, 유럽을 배우고 싶었다. 유럽의 경제가 단일화되고 심지어 정치가 통합되어가면서 하나의 통합된 대통령을 뽑겠다고 나서고 있다. 세계은행이 발표한 국가별 경제규모 순서로 상위 10위안에 미국 일본 중국을 제외하면 거의 유럽의 국가들이다. 이 국가들의 경제가 하나의 정치 아래 통합된다면 어떻게 될까? 유럽의 단일화가 미치는 영향력은 막강하다. 게다가 우리나라와 EU가 체결한 FTA와 한국정부가 북한을 거쳐 유럽까지 연결하는 직통 철도의 개통을 위해 노력하고 있다는 신문기사, 그리고 우리나라의 교육정책 등이 스웨덴, 핀란드의 그것을 벤치마킹 하고 있다는 소식도 나의 결정에 크게 작용하기도 했다. 아직은 유럽이 우리나라에 미치는 영향력이 미미하지만, 점차 많은 변화가 있을 것으로 생각된다. 게다가 케인스의 뒤를 이어, 주목을 받고 있는 경제학자인 슘페터의 이론으로 비추어 보자면 선진국의 종착지는 스웨덴이라고 생각된다. 슘페터는 창조적 파괴와 기업가정신을 강조한 오스트리아의 경제학자로 자본주의사회가 성장을 계속하면서 사회주의로 변하게 된다는 이론을 주장했다. 현대 국가주의를 비교해볼 때, 슘페터 이론이 제대로 성립된 국가는 유럽의 몇몇 국가들뿐이다. 그런 의미에서 나는 나의 자리를 유럽에서 찾기 시작했다. 프랑스의 INSEAD MBA가 유명하다고들 말했다. 하지만 커리큘럼이 너무 FINANCE에 치중되어 있었다. 나의 관심 과목인 전략기획이 유난히 강화되어 있는 학교를 찾고 싶었다. 유명하다는 학교들이 하나둘씩 지나가고 나의 눈이 유럽 중심에서 외곽으로 돌려졌을 때 즈음 스웨덴의 어떤 학교가 눈에 들어왔다. 이곳의 MBA 커리큘럼은 독특했다. 보통 MBA는 CEO를 양성하는 것을 목표로 삼기 때문에 리더십과 FINANCE 또는 기업지배구조를 많이 강조하는 편인데 여기는 반대로 전략기획 분야가 강화된 학교였다. 그 점이 나의 관심을 끌었다. 나의 관심 과목인 전략(Strategy)을 가장 잘 배울 수 있을 것이라고 생각했다.

*** 스웨덴은 어떤 나라?

　　스웨덴은 산업이 발달한 북유럽의 중심국가이다. 국가경쟁력이나 복지, 성평등지수, 혁신지수 등 대부분 항목에서 항상 상위 다섯 손가락 안에 꼽히고 IKEA나 테트라팩, 사브, 볼보, SCA, H&M 등 굵직한 글로벌 기업을 많이 보유하고 있는 산업국가이기도 하다. 경쟁보다는 협력과 창의력을 중시하는 교육방식을 고수하고 있으며, 개발보다는 자연보호를 우선시하고 있다. 특히 전략과 특허에 강점을 가지고 있다. 실제로 GDP의 상당 부분을 특허의 로열티가 차지한다고 한다. 스웨덴정부는 투명하기로 유명하다. 스웨덴 정부에서 만들어낸 공문서는 모두 일반에 공개된다. 스웨덴 국민이라면 누구나 공문서를 열람하는 것을 당연한 권리로 여긴다. 그리고 이것은 국민들로 하여금 정부에 대해 신뢰를 느끼게 했다.

　　양성평등제도로 인해 여성의 80%가 직업을 가지고 있으며, 기업 내 여성 비율이 50%에 달한다. 대부분의 고위직을 남성들이 차지하고 있는 기업에 익숙한 우리로서는 약간 이해가 가지 않을 수 있다. 하지만 '법으로 강력하게 제지한다고 하더라도 기업의 입장에서는 아무래도 남자를 선호할 텐데요?'라고 생각하거나 '역시 복지가 발달한 나라여서 여성에 대한 배려가 깊구먼!'이라고 생각한다면 오산이다. 스웨덴에서는 여성도 남성이 하는 만큼 많은 일을 하기 때문에 차별을 하려고 해도 할 수가 없다. 한 번은 학교에서 어떤 여교수가 낑낑대며 무거운 짐을 나르고 있는 것을 보고는 "제가 도와드리겠습니다. 이런 건 남자들을 시켜야지 왜 직접 하고 그러세요" 하고 농담을 건네려고 하는데 그 여교수로부터 의외의 대답을 들었다.

"아니, 이건 내 일이야. 내가 해야 할 일이니까 학생은 걱정 말고 학생의 일에 충실하세요."

스웨덴에서는 여자가 하기 힘든 일이라고 해서 절대로 남에게 미루는 일이 없다고 한다. 남자와 여자가 하는 일이 동등하다. 이것이 스웨덴이 만들어낸 양성평등의 기본이었다.

또한 스웨덴에서는 직업에 귀천이 없기로 유명하다. 학생들이 교수를 대하는 태도와 길거리 청소부를 대하는 태도에 차이가 없다. 사실 누진세가 최고 50%에 달해, 월급이 그리 차이 나지 않기 때문인지도 모른다. 실제로 스웨덴에서는 승진에 욕심이 없는 사람들이 많다고 한다. 승진하면 월급도 올라가지만 사실상 세금도 같이 올라가기 때문에 일거리만 많아질 뿐 월급인상은 눈에 띄지 않기 때문이다.

얼마 전에 미국에서 대학교 연구원으로 지내던 한국인 형님 한 분이 우리 학교로 이직해왔다. 그 형님은 연봉협상 테이블에서 "미국에서의 연봉이 5,500 정도였으니 딱 6,000만 받아야지" 라는 생각으로 "7,000은 받아야겠습니다"라고 했다고 한다. 그랬더니 학교 측 인사관계자가 고개를 갸우뚱이며 "흠, 글쎄요……. 그 돈으로 살기 힘들 텐데요……"라고 했단다. 그 형님의 연봉은 협상 결과 1억 2천만 원이나 되었지만, 문제는 세금 50%를 떼고 나니 별 차이가 없더라는 것이다.

심지어 길거리 청소부도 월급이 500~600만 원 정도는 되기 때문에 결과적으로 별 차이가 나지 않는 것이다. 그 때문인지, 스웨덴에서는 청소부들도 자신의 직업에 엄청난 자부심을 가지고 있다.

성에 대해서는 개방적이지만 그렇다고 문란하거나 퇴폐한 문화가 퍼져 있는 것은 아니다. 오히려 가족들과 함께 보내는 시간을 무척이나 소중하게 생각하는 편이다.

반면에 폭력에 대해서는 극단적일 정도로 단호하다. TV에서는 미국 영화를 재방영하면서 심한 욕설을 하는 장면이나 사람을 때리는 장면들은 모두 삭제한다. 사람을 죽이는 장면이 많이 삽입된 영화나 잔인하기로 유명한 〈쏘우〉 같은 영화는 방영하는 것을 상상하기도 어려운 실정이다. 그러다 보니 아이들의 눈에서도 폭력성을 찾아보기 힘들다. 스웨덴인들에게 어린 시절에 대해 물어보았을 때 친구들과 밤늦게까지 동네 놀이터에서 놀았던 것이 그들이 겪어본 최고의 일탈이라고 응답했으니, 우리의 실정과 얼마나 다른지 짐작할만하다.

*** 나는 지극히 평범하다

학교에 다니면서 단 한 번도 1등을 해본 적이 없고 그렇다고 딱히 눈에 띄는 성실한 학생도 아니었다. 사실이 아니므로 내가 졸업한 학교의 비즈니스 스쿨이 세계 최고의 대학이라고 우길 마음도 없다. (뭐 이곳 사람들이 말하길 린셰핑대학교는 유럽 내에서 손에 꼽힌다고들 한다. 관련 자료를 확인한 적이 없으니 그냥 흘려들었다.)

이 책은 내가 유럽의 한 학교에서 공부하며 느낀 경험담에 불과하다. 훌륭한 학자들의 이론을 정리하기보다는 학교에서 있었던 일들을 일기를 쓰듯이 진솔하게 담아냈다. 책에 모두 담지는 못하는 논문의 영어원문들과 수업자료들은 나의 블로그(http://mba7.kr)에 게시되어 있다.

유럽의 평범한 MBA 학교에서는 무엇을 배우며 무엇을 보게 될까? 아마도 나와 같이 MBA에 대한 환상을 가지고 있던 평범한 독자라면 이 책에서 약간의 힌트는 얻을 수 있을 것이다.

이 책은 감수를 받지 않은데다 개인적인 주장이 많이 들어있기 때문에 오류가 많이 있을 수 있으며, 읽는 도중에 반대의견이 많이 생길 수도 있고 사리에 맞지 않는 주장이나 근거를 발견하게 될 수도 있다. 또한 읽으면서 비평적으로 생각해 볼 수 있는 여지를 남기려고 일부러 삐딱하게 작성된 글도 있다. 그러니 이 책의 내용을 모든 학자의 공통된 결론이라고 여기지 말고 나의 개인적인 의견이라고 생각해주었으면 하는 바람이다.

어떤 독자는 나의 글에 대해 좁은 식견이라며 악평을 날릴지도 모르겠다. 그것도 괜찮다. 또는 그 내용에 대해 친구들과 논쟁을 벌이는 것도 흥미로울 것이다. 나는 이 책을 경영학 서적이라기보다는 그냥 한 학생의 일기장이라고 봐주었으면 한다.

Course

개 강

"

나는 '표절이 아닌 진정한 글이 무엇인지 보여주겠다'는 생각으로
인터넷을 전혀 사용하지 않고 내 방식대로의 글을 작성해갔다.
하지만 표절검색시스템을 거친 나의 글은 충격적이게도
표절지수 50%에 육박하는 결과를 낳고 말았다.
만약 이것이 논문이었다면
경고 또는 심한 경우 Fail 처리까지 고려될 수 있는 상황인 것이다.

"

Introduction

●●● 합격자 발표가 뜨고 며칠 뒤, 입학을 환영한다는 내용이 담긴 초대장과 함께 합격생 전체의 메일주소가 공개되었다.

다행인지 불행인지 울어야 할지 웃어야 할지. 공개된 합격자 명단에 한국인이라고는 나 하나뿐이었다. 한국인들이 유학지로 주로 선택하곤 하는 미국이나 영국과는 달리 유럽, 그중에서도 한국과 교류가 많은 편이 아닌 스웨덴 같은 나라들에서는 한국사람 구경하기가 힘들다. 요즘 같은 세계화 시대에 아프리카 오지도 아닌 스웨덴 도심지의 학교에서 MBA를 졸업하기까지 한국인을 단 한 명도 만나보지 못했다면 믿을 수 있겠는가?

한 마디로 말해서 잠자기 전에 쓰는 일기를 제외하고는 모든 일상생활이 영어로 이루어지게 된다는 것을 의미한다. 물론 굳이 애써 찾아본다면 한두 명의 한국인을 발견할 수 있었을는지는 모르겠지만, 굳이 그럴 필요성은 느끼지 못했다. (다른 한국인들이 주변에 있다는 것은 유학생활의 3대 실패 요인 중 하나라고 어느 누가 그러지 않았던가.)

MBA 합격통보를 받은 뒤 많은 생각이 오갔다. 집에다 뭐라고 말하지? 친구들은 이제 한동안 만나지 못하는 건가? 직장은?

그중에서도 가장 큰 걱정거리는 역시 영어였다. 일반적인 주입식 교육에서도 영어의 장벽은 무시할 수 없다. 더군다나 MBA 수업은 70% 이상이 팀별 과제해결 또는 토론식 수업이라는 점을 생각하면 '과연 내가 이것을 무사히 마칠 수 있을까?'라는 걱정이 앞섰다.

하지만 이 우려는 기우에 불과했다.

수업은 알아듣기 알맞을 정도의 속도로 진행되었고 수업에 사용된 프
레젠테이션 슬라이드는 인터넷에 게시되어 따라오지 못하는 사람이 없도
록 배려되었다.

설령 그마저도 따라가기 힘든 수업의 경우에는 친구들에게 물어보면
대부분 해결이 되었다.

게다가 토플 점수와 실제 영어실력은 전혀 다른 차원의 이야기로 연결
된다.

학교에서는 입학생들을 대상으로 영어시험을 다시 치렀다. 학생들의 영
어실력을 재평가한 것이다. 그런데 모두 만점에 가까운 높은 점수의 토플
/ IELTS를 제출하고도 학교에서 치른 영어시험의 평균점수가 겨우 68점
이 나왔다면 믿을 수 있겠는가? 교수님들께서는 우리의 영어실력을 절대
과신하지 않으셨다.

초기 정착기

어쨌든 합격자 발표가 나자마자 구글 그룹과 페이스북 등에는 바로 클럽이 개설되고, 서로 자기소개를 하느라 정신이 없었다. 함께 공부하게 될 친구들과 미리 친해지는 것은 상당히 중요한 일이라고 생각한다. 이 과정은 앞으로 2년 동안 함께 하게 될 상대방을 알게 됨과 동시에 모르는 상대에 대한 낯섦을 빠르게 정리하도록 도와준다. 덕분에 나 또한 도움을 많이 받았는데, 아는 사람 하나 없는 낯선 땅 스웨덴에 도착했을 때 먼저 도착한 친구들이 시간에 맞추어 마중 나와주었으며 기숙사를 구하지 못한 나를 자기 집에서 한동안 머무를 수 있도록 배려해 주었다. 집 구하기가 상당히 힘들기로 소문난 스웨덴에서 친구들의 도움이 없었다면 어떻게 되었을지 생각만 해도 끔찍한 일이다.

스웨덴에 도착한 이후, 처음 며칠간은 친구들과 함께 몰려다니며 종일 술만 퍼마셨다. 지금 생각해보면 파티란 파티는 모조리 참석했던 것 같다. 물론 현상을 중요시하는 서구문화사회에서 술 마시는 행위로 돈독한 관계를 쌓거나 하지는 못한다. 하지만 함께 파티를 즐기는 과정을 통해 빠르게 친해질 수 있으며 이는 한국사람이 없는 사회에서 아웃사이더가 되지 않기 위한 가장 쉬운 방법이라는 것은 한국과 마찬가지로 틀림없는 사실이었다.

인터넷에서
아이디어만 빌려와도 표절

입학. 그리고 Introduction이라는 이름의 첫 번째 수업에서 만난 깐깐해보이는 여교수는 자신을 문학과 출신이라고 소개하며 스웨덴식 대학원 교육과정은 표절에 대해 엄격하다는 내용만으로 장장 두어 시간을 떠들어댔다.

작성된 모든 글은 표절검색 시스템이 먼저 인터넷 및 도서관 내의 모든 자료와 비교 분석하여 유사한 내용이 존재하는지 아닌지를 확인한 후에 각 교수의 손에 전달된다. 그런데 이 표절검색시스템의 내용이 흥미롭다. 인터넷에 존재하는 자료라면 유료자료이거나 암호화된 자료까지도 모두 열람하여 비교분석을 한다는 것이다.

학생들이 못 믿겠다는 반응을 보이자 그 교수는 표절시스템이 어떻게 작동되는지 보여주겠다며 연습 삼아 환경과 세계화에 대해 A4 한 장 분량의 글을 작성해 오라고 제시했다.

다음날, 나는 '표절이 아닌 진정한 글이 무엇인지 보여주겠다'는 생각으로 인터넷을 전혀 사용하지 않고 내 방식대로의 글을 작성해갔다. 하지만 표절검색시스템을 거친 나의 글은 충격적이게도 표절지수 50%에 육박하는 결과를 낳고 말았다. 만약 이것이 논문이었다면 경고 또는 심한 경우 Fail 처리까지 고려될 수 있는 상황인 것이다.

유럽은 표절에 대해 규정이 매우 엄격하다. (스웨덴만 엄격한 것인지 혹은 우리 학교가 유별난 것인지는 모르겠다.) 인터넷이나 서적, 다른 사람의 논문에서 한 줄만 빌려와도 주석을 반드시 달아야 한다. 인터넷에서 사진 등을 가져와 사용하는 것은 저작권자와 연락을 취해 허가를 받은 것이 아니라면 아예 금지된다. 예를 들어 '북극의 얼음이 녹고 있다'라고 적으려면 북극의 얼음이 녹고 있다는 내용을 연구한 논문을 찾아 주석을 달아주어야 하는 식이다.

또한 학교에서 내준 숙제에 대해 제출하는 모든 리포트는 나 자신의 독창적인 아이디어와 주장을 기반으로 작성되어야 한다. 자신이 생각해낸 아이디어라도 인터넷에 다른 사람이 그것에 대해 먼저 연구한 흔적이 있다면 그것 또한 표절로 취급된다.

그렇다면 만일 내가 쓰고 있는 글의 원문이 내가 전에 썼던 논문에서 발췌된 내용이라면? 내가 쓴 글을 내가 다시 가져다 쓰는 건데 당연히 괜찮지 않을까? 그렇지 않다. 그 또한 자신의 원래 논문을 걸고 주석을 달아야 한다.

재미있는 것은 연구주제에 대해 친구와 토론을 하다가 그 친구의 의견이 마음에 들어서 그 아이디어를 사용했다면 그 또한 표절에 해당한다는 것이다. (물론 일반적으로는 서로 아이디어를 공유하고 합의하에 주석을 달지 않곤 했다.)

나는 인터넷을 사용하지는 않았지만 학교에서 배운 지식을 기반으로 글을 쓰다 보니 환경과 세계화에 대해 연구된 논문이 많아서 당연히 기존에 연구된 자료와 겹쳐버렸던 것이었다.

결국 나는 그 여교수가 표절논문으로 낙인찍히기 싫으면 기존에 없는 새로운 이론을 만들어내든지 아니면 기존에 있는 모든 연구자료에 주석을 달아주어야 한다고 또 다시 두어 시간 동안 강조하는 것을 듣고 있어야만 했다.

Course 1

리더십

"

절대 안 되네. 생각해보게. 회사는 혼자서 돌아가는 곳이 아니네.
여기에서도 팀을 이루고 자네의 팀원을 설득하는 데 실패한다면 회사에서는 어떻게 되겠나.
팀 안에서 최선을 다해 자네의 의견을 피력하게.
팀 안에서 실패하면 자네가 실패한 거네.
하지만 팀 밖에서 혼자 성공한다고 해도 우리는 인정하지 못하네.

"

Leadership

Lost at sea

    훌륭한 리더라는 것은 팀원들에게 어느 정도나 중요한 것일까? 훌륭한 리더의 요건은 무엇일까? 경영에 대해 생각해본 사람이라면, 이러한 질문들을 한두 번쯤 스스로 던져보았을 것이다. 그런데 뜻밖에도 우리의 생활 속에서 함께하는 리더들은 우리가 생각하던 좋은 요건과는 상관없는 행동들을 하곤 한다.

    아래 내용을 시작하기 전에 먼저 약 5~6명 정도로 구성된 팀이 필요하다.

당신의 팀은 보트를 타고 남태평양 어딘가를 항해하고 있었습니다. 그런데 갑자기 보트에 원인을 알 수 없는 불이 나서 그만 보트바닥에 구멍이 났습니다. 보트는 천천히 가라앉고 있습니다. 보트에 장착된 네비게이션 장비는 완전히 망가졌기 때문에 현재 위치는 남태평양 어디쯤이라는 것을 제외하면 전혀 알 수가 없습니다. 대충 생각해볼 때 가장 가까운 섬은 대충 1,000마일쯤 떨어져 있을 것으로 추측됩니다. 주머니를 뒤져보니 담배, 책 몇 권, 그리고 1$ 지폐 다섯 장이 있습니다.

현재로서 최선의 방법은 비상용 고무보트에 가지고 있는 물품들을 싣고 구조되기를 기다리는 방법뿐입니다. 비상용 고무보트는 우리 팀 전원이 탑승할 만한 크기입니다.

당신은 팀원들에게 필요한 것으로 판단되는 모든 물건을 갑판 위로 꺼내라고 명령했습니다. 선원들은 모든 물건을 꺼내왔습니다. 하지만 고무보트는 너무 작아 모두 가지고 갈 수는 없을 듯합니다. 바다 한복판에서 표류할 때 가장 필요한 물건 순서로 우선순위를 정해 물건을 골라내야 합니다.

다음 페이지에 현재 갑판에 있는 물품들의 리스트가 있습니다.

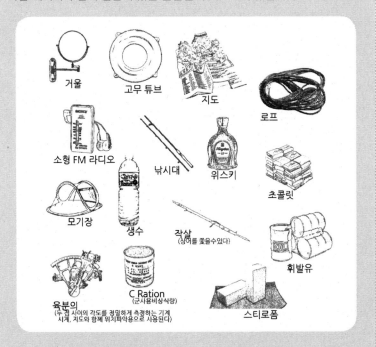

거울
고무 튜브
지도
로프
소형 FM 라디오
낚시대
위스키
초콜릿
모기장
생수
작살
(상어를 쫓을수있다)
휘발유
육분의
(두 점 사이의 각도를 정밀하게 측정하는 기계
시계, 지도와 함께 위치파악용으로 사용된다)
C Ration
(군사용비상식량)
스티로폼

출처: "Lost at sea" Jones & Pfeiffer (1975), Annual Handbook for Group Facilitators, Jossey-Bass

TASK 1 각 물품을 파악하여 '나의 결정' 항목에 개개인이 생각하는 물품들의 우선순위를 적어보시오. 내가 생각할 때 가장 중요한 물품이 1, 가장 필요없는 물품이 15입니다. (TASK 1이 종료되기까지 약 10분 소요.)

TASK 2 내가 속한 팀과 상의하여 중요한 물품순위를 정한 뒤, '팀의 결정' 항목에 적으시오. (TASK2가 종료되기까지 약 15분 소요)

나의 결정	팀의 결정	정답	나와 팀의 차이	나와 정답의 차이	팀과 정답의 차이	물품명
						육분의
						거울
						생수
						모기장
						C Ration
						지도
						스티로폼
						휘발유
						소형 FM라디오
						작살
						고무 튜브
						위스키
						로프
						초콜릿
						낚싯대
X	X	합계				X

TASK 3 해양경찰청이 발표한 정답을 '정답' 항목에 적습니다.

정답 (중요한 물건 순)

1. **거울**(지나가는 보트에 구조를 요청할 때 반드시 필요함)

2. **휘발유**(바다는 밤에 매우 추워짐)

3. **생수**(바닷물은 마실 수 없음)

4. **C Ration**(군사용 비상은 고칼로리이기 때문에 매우 유용함)

5. **고무 튜브**(고무보트에 구멍이 났을 경우에 비상용으로 사용함)

6. **초콜릿**(고칼로리 비상식량임)

7. **낚싯대**(심심풀이 대용으로 효과적임. 하지만 실제로 바다 한복판에서 낚시로 물고기를 잡기는 쉽지 않음)

8. **로프**(뗏목이 아닌 고무보트이기 때문에 큰 의미는 없음)

9. **스티로폼 조각**(이미 고무보트에 타고 있기 때문에 효용성이 떨어짐)

10. **작살**(상어를 만날 가능성이 매우 높지는 않음)

11. **위스키**(밤새 파티를 벌일 생각이 아니라면, 다쳐서 피가 날 때 소독용으로 사용 가능)

12. **소형 FM 라디오**(일부 학생들이 라디오를 이용하여 위치를 파악할 수 있다고 주장했으나 글을 자세히 읽어보면, 현재 위치가 어디인지 이미 알고 있음)

13. **지도**(현재 위치를 이미 알고 있으며, 육분의를 사용하지 못하기 때문에 어차피 의미가 없음)

14. **모기장**(바다에는 모기가 없음. 일부 학생들이 모기장을 그물로 사용하여 고기를 잡겠다고 주장했으나 쉽지 않음)

15. **육분의**(시계 없이는 아무짝에도 쓸모가 없음)

TASK 4 각 개인은 '나와 팀의 차이' 및 '나와 정답의 차이' 그리고 '팀과 정답의 차이'를 계산하여 각 항목에 적으시오.

-계산하는 방법: 무조건 큰 수에서 작은 수를 뺍니다.

   예를 들어, 초콜릿에 대한 나의 결정이 4이고 팀의 결정이 7이라면 나와 팀의 차이는 3(7-4)이고 나와 정답의 차이는 2(6-2)입니다.

예시)

	나의 결정	팀의 결정	정답	나와 팀의 차이	나와 정답의 차이	팀과 정답의 차이
초콜릿	4	7	6	3	2	1

TASK 5 각 항목의 '차이' 숫자를 모두 더해 하단의 [합계]란에 적으시오.

TASK 6 '나와 팀의 차이' 점수가 매우 높은 사람(팀 내에서 자신의 의견을 피력하지 못하고 타인의 의견을 따라가는 사람)과 매우 낮은 사람(팀 내에서 자신의 의견을 강요하는 사람)을 구별합니다.

TASK 7 구별된 사람들과 '나와 정답의 차이' 점수를 비교합니다.

   실제로 나온 결과를 보면 '나와 정답의 차이'가 적은 사람들(실제로 바다에 대해 많이 아는 사람들)의 의견이 팀 내 회의에서 상당수 묵살된 것을 알 수 있다.

나와 팀의 차이 (높을수록 주장이 강함)	나와 정답의 차이 (낮을수록 바다에 대한 지식이 많음)	점수
	15 명	80-
3명	4 명	70-79
5 명	6 명	60-69
15 명	5 명	50-59
6 명	1 명	40-49
4 명	1 명	30-39
3 명	1 명	20-29
		-19

	나와 팀의 차이	나와 정답의 차이
Peter	73	20
Alice	83	16
Julia	15	74

　　Peter와 Alice의 경우 정답을 거의 맞추었다. 바다에서 조난당했을 때 어떻게 해야 할지 잘 알고 있다는 의미이다. 하지만 그는 팀 내에서 말을 많이 하는 편이 아니었고 오히려 다른 사람들의 의견에 수동적으로 따라가는 편이다. 반면에 Julia의 경우는 '나와 정답의 차이'가 74로 매우 높아 바다에 대해 아는 것이 거의 없다고 할 수 있다. 그런데도 자기 생각을 팀원들에게 밀어붙이는 성격을 가지고 있다는 의미가 된다. 결국 이 팀은 '팀과 정답의 차이' 점수에서 최하위를 기록했다.

　　실제로 모든 것을 다 알고 있으면서도 자신의 이론을 주장하지 못하고 수동적으로 끌려가는 사람이 있는가 하면 상황에 대해 아는 것이 하나도 없으면서 자기 생각을 타인들에게 강요하는 사람도 있다. 하지만 이들은 커뮤니케이션 능력이 뛰어나기 때문에 비교적 수동적인 팀원들은 그들의 말이 사실인 것처럼 착각하게 될 수 있다.

그렇다고 그들이 잘못되었다는 것은 아니다. 나의 의견을 그들이 귀담아듣지 않았다면 그것은 오히려 나의 잘못이다. 팀 내에서 자신의 의견을 피력하고 그들로 하여금 나의 의견에 귀를 기울이게 만드는 능력은 매우 중요하다.

팀원들이 '팀의 결정'을 준비하는 동안 교수가 어느 팀원에게 물었다. "자네 중국인들은 왜 자신의 의견을 강하게 주장하지 않는 건가?" 그런데 돌아온 그 친구의 대답이 재미있었다. "어, 교수님, 저는 제 차례가 돌아오길 기다리고 있었는데요. 이 친구들 말이 끝나지를 않네요."

동양문화권에서는 상대방의 말이 끝나고 내가 발언하기까지 약간 뜸을 들이는 것을 예의 바른것으로 여기고 있다. 반면에 서양인들은 상대방의 말이 끝나는 것을 기다리지 않고 발언을 하거나 수업 도중에 질문하거나 자신의 의견을 이야기하는 것에 대해 그다지 무례한 것으로 여기지 않는다. 게다가 영어를 유창하게 하는 많은 서양인 학생들이 영어가 어눌한 그 중국인 학생의 발언에 귀를 기울이지 않았던 것이다. 그 중국인 학생은 상대방의 발언이 끝나기를 기다리다가 결국 자신의 발언을 주장할 타이밍을 발견하지 못했다. 사실 그 중국인 학생은 바닷가 출신으로 바다에서 오랜 기간을 보낸 친구였다. 또한 '나와 정답의 차이'가 겨우 9점에 불과해 개인 성적에서 최고점을 획득한 친구였다. 그럼에도 그 친구가 속한 팀의 종합점수는 중위권에 불과했다.

결론적으로 볼 때 리더는 자신의 의견에 모든 사람이 무조건 따르도록 만드는 사람은 아니다.

만일 훌륭한 리더의 역할이 많은 사람이 자신을 무조건 따르도록 만드는 것이라면 우리는 히틀러 같은 독재자를 위대한 리더로 손꼽아야 할 것이다.

교수는 각 팀의 결과를 비교하며 리더의 커뮤니케이션 능력과 상황을 파악하는 능력에 대해 강조했다.

커뮤니케이션 능력과 상황을 파악하는 능력. 사실 리더로서는 둘 다 필요하다.

그러고 보면 MBA에서는 단 한 번도 어느 한쪽을 선택하도록 유도한 적이 없었다. 교수들은 수업 중에 한쪽 의견이 잘못된 방법임이 확실하며, 모든 학생이 반대하고 있다 하더라도 굳이 양쪽의 장점을 모두 부각하려고 했다. 교수들은 학생들이 중립의 입장에서 현상을 올바르게 판단하는 방법을 키우길 원했던 것이다.

리더십의 권위자인 James G. March는 그의 저서 《On Leadership》에서 리더의 역할로 '새로운 기회의 창출(Exploration)'과 '현재 능력의 강화(Exploitation)'라는 모순된 이념 사이에서 균형적인 조화를 이루어야 한다고 강조했다.

이것에 대한 사례는 굳이 어려운 논문을 들먹이지 않더라도 주변에서 쉽게 찾을 수 있다.

[사례1] 자본금 25억을 가지고 공장을 운영 중인 김 사장은 최근에 고민에 빠졌다. 절반의 비용으로 두 배 이상의 제품을 생산해내는 기계가 출시되었기 때문이다. 그 기계만 있으면 수익성을 두 배로 늘릴 수 있다. 그런데 그 기계의 가격은 무려 20억 원. 잘못하다간 기계를 도입하자마자 부도

위기를 맞게 될 수 도 있다. 김 사장은 무리해서라도 기계를 도입하는 것이 좋을까? 아니면 기계를 포기하고 현재의 생산력을 고수하는 것이 좋을까?

[사례2] 순이네 집과 학교 사이에는 숲이 있다. 그래서 매일 학교까지 1시간 이상을 멀리 돌아서 걸어 다니곤 했다. 그런데 어느 날 순이는 숲을 가로지르는 듯한 오솔길이 있는 것을 발견하게 되었다. 생각대로라면 이 길로 가면 학교까지 10분이면 닿을 수 있을 것 같았다. 하지만 순이네 집은 외딴곳에 있기 때문에 혼자서 숲을 통과해야 하는 부담이 있었다. 순이는 오솔길로 가는 것이 좋을까? 아니면 원래의 길로 가는 것이 좋을까?

많은 기업이 이 두 가지 선택 속에서 균형을 맞추지 못해 실패를 겪곤 한다. 위 사례들에 대한 정답은 당연히 '둘 다 해야 한다'이다. [사례1]에서 김 사장이 기계를 도입했더라면 분명히 그 공장은 부도위기를 겪을 수밖에 없다. 하지만 기계를 도입하지 않더라도 경쟁자들이 기계를 도입할 것이 분명하므로 어쨌든 부도위기는 곧 찾아오게 될 것이다. 결국 김 사장에게 필요한 것은 한쪽으로 너무 치우치지 않는 '중간점'을 발견하는 것이다. [사례2]도 마찬가지의 사례이다. 순이가 처음 가는 숲길을 혼자서 통과하는 것은 확실히 위험하다. 하지만 그 길을 포기한다면 순이는 졸업까지 한 시간 거리의 먼 길을 걸어 통학할 수밖에 없다. 하지만 순이는 부모님께 그 숲길에 대해 여쭈어볼 수도 있고 때로는 함께 가달라고 요청하거나 아니면 자전거 구입이라는 균형이 이루어진 새로운 방법을 찾을 수 있는 것이다.

MBA에서 가르치는 최고의 전략이란 건 우습게도 수백 년 전, 공자의 가르침으로부터 전해져 내려오던 '중도'였다.

생각해봅시다

1. 리더에게 상황파악능력과 커뮤니케이션능력이란 무엇일까요?

2. Exploration과 Exploitation 사이에서 중간점을 찾는 좋은 방법이 있을까요?

문화의 다양성

"문화의 차이가 학생들의 마음을 갈라놓을 수 있을까?"

교수는 그렇게 단순하게 물었고 나 역시 단순하게 대답했다.

"아니요. 여러 나라 학생들이 모인 곳에서는 그들만의 문화가 형성되곤 합니다. 문화의 차이가 있기는 하겠지만, 그것이 우리가 함께 공부하는 데 문제가 될 것이라고 생각하진 않습니다."

"그래, 그렇군. 그럼 이 사례를 함께 풀어보지."

Ann은 진심으로 Bob을 사랑합니다. 두 사람이 살고 있는 마을 사이에는 강이 흐르고 그 위에 다리가 있었습니다. Ann은 매일같이 그 다리를 건너 Bob을 만나러 가곤 했습니다. 그런데 어느 날 홍수가 나서 다리를 부숴버렸습니다. Ann이 Bob을 만나기 위해서는 보트를 가지고 있는 Chris에게 부탁하여 강 건너 마을까지 데려다 달라고 하면 됩니다. Chris는 그녀를 데려다 주는 일에 동의했습니다. 그녀와 하룻밤을 같이 보낼 것을 조건으로 말이죠. Ann은 어떻게 해야 할지 몰라서 그녀의 어머니 Dora에게 물어보았습니다. 그러나 Dora는 그저 "네가 알아서 하렴"이라는 말만 되풀이할 뿐이었습니다. 고민끝에 Ann은 결국 Chris의 욕구를 충족시켜주고 강을 건넜습니다. 그녀가 Bob

을 만나서 이 상황에 대해 이야기하자, Bob은 미친 듯이 화를 냈습니다. 그리고 다시는 그녀를 만나지 않겠다고 했습니다. Ann은 풀이 죽어 돌아오는 길에 Bob의 오랜 친구인 Eric을 만났습니다. Ann은 Eric에게 모든 상황을 이야기했습니다. 이야기를 모두 들은 Eric은 "사실 난 너를 좋아해"라고 Ann에게 고백했습니다. 그리고 잠시 후 Ann은 Bob이 충격받을 걸 상상하며 기뻐했습니다. Ann은 Eric과 결혼하기로 한 것이죠.

Dora (Ann의 이머니)

Bob (Ann의 애인)

chris (보트를 가진 사람)

Ann (Bob을 사랑하는 여자)

Eric (Bob의 오랜친구)

TASK 지문에 등장하는 다섯 명을 나쁜 사람의 순서로 나열해보시오.

1)

2)

3)

4)

5)

처음엔 다들 대답이 거의 비슷할 줄 알았는데 학생들은 모두 다른 목소리를 내고 있었다.

자신의 남자를 두고 다른 남자와 잠을 잔 그녀가 가장 나쁘다는 사람부터 시작해서 자식이 어떻게 되든 말든 내버려둔 그녀의 어머니 Dora가 나쁘다는 사람, 남자친구가 있는 Ann을 자신의 여자로 만들어버린 Eric이 제일 나쁘다는 사람, 그녀가 다른 사람이랑 잠을 잔 게 뭐가 대수냐며 Bob을 지목한 사람, 자신의 문화에서는 어머니는 자식의 일에 전혀 간섭하지 않는 것이 보통이므로 어머니는 아무 잘못이 없다는 사람, 심지어는 Chris는 그저 상황을 이용하여 비즈니스를 한 아주 모범적인 상인일 뿐이라는 사람도 있었다.

주로 보수적인 성향의 동양권 학생들이 어머니나 Chris를 질책했고, 많은 서양권 학생들은 반대로 그런 선택을 한 Ann 자신에게 문제가 있다고 생각했다. 같은 상황을 두고도 문화에 따라 받아들이는 모습은 제각각이었다.

우리나라의 관습대로 믿고 판단했다가는 낭패를 당하기 십상이겠다는 생각이 들었다.

한 번은 패션에 관련된 프레젠테이션을 진행하면서 짧막한 동영상으로 강아지들의 패션쇼를 재생한 적이 있었다. 동영상의 내용은 귀여운 강아지들이 다양한 옷을 입고 출연하여 걸어가는 장면을 찍어놓은 것이었다. 그런데 이 동영상을 본 학생들의 반응이 천차만별이었다.

중동이나 인도 쪽에서 온 학생들의 경우, 강아지의 패션쇼 동영상에는 아무런 관심이 없이 프레젠테이션 내용에만 포커스를 맞추는 경향이 강했다. 반대로 동양 쪽에서 온 학생들은 강아지 동영상을 보고 너무 귀엽

다며 호감을 보이는 편이었다. 물론 왜 음식에 옷을 입혀놓았느냐며 농담을 던지는 학생도 있었다. 하지만 서양인 학생들의 경우는 "강아지에게 자연스럽지 못한 옷을 입히고 강제로 무대 위를 걷게 하다니, 저건 동물 학대야!"라며 민감한 반응을 보였다. 서양, 특히 독일에서는 동물을 사업성의 목적으로 이용하거나 인위적으로 꾸미는 행위를 심각한 동물 학대로 받아들인다고 한다. 우리 팀이 준비한 그 프레젠테이션은 대부분의 학생들이 좋은 반응을 보여주었지만 몇몇 서양 학생들로부터 심한 야유를 받았다. 만약 그 동영상이 포함된 프레젠테이션이 서양 바이어를 대상으로 한 실제 프레젠테이션이었다면 어떻게 되었을까? 생각만 해도 끔찍한 일이다.

협력형 교육과정

MBA에 입학하고 처음으로 Final paper를 쓰면서 느끼게 된 점은 스웨덴교육은 경쟁보다는 협력과 협동을 우선시하는 교육이라는 점이다. 무엇보다도 스웨덴의 대학교는 시험결과가 P(PASS) 또는 F(FAIL)로만 나온다는 점이 독특하게 느껴졌다. 물론 정확한 점수와 경쟁에 적응된 외국인 학생들에게는 A-F의 등급을 부여해주기는 하지만 스웨덴인들이 받아드는 성적표에는 점수가 아예 기재되지도 않는다.

"엥? 왜 성적표에 점수가 나오지 않는 거에요? 그럼 누가 열심히 한 학생인지 알 수가 없잖아요"라는 나의 질문에 교수는 침착하게 설명해주었다. "성적표는 그 사람을 평가하는 데 아무런 의미가 없기 때문이네. 자네만 해도 그렇지 않은가? 자네는 팀별로 부여되는 과제해결에서 언제나 팀을 잘 이끌어 가장 높은 점수를 받곤 했지. 난 그것을 잘 알고 있네, 하지만 이론을 묻는 시험에서 점수를 많이 깎아 먹었지. 그 결과 나온 성적표에 D가 쓰여있다면, 자네는 실력이 없는 학생인 건가?"

그래서인지 스웨덴인들에게는 성적표가 취직에 큰 영향력을 발휘하지는 못한다고 한다. 점수 대부분이 개인의 능력과 경쟁심에서 나온다기보

다는 팀원들과의 관계에서 나오기 때문이다.[1]

상황이 이렇다 보니, 내가 혼자서 많은 것을 외우고 많은 문제를 맞추는 것은 의미가 없게 되었다. 오히려 뒤처지는 팀원들을 다독이면서 끌고 가는 능력을 발휘하는 방법을 배우게 되었다. 다른 MBA스쿨도 마찬가지 겠지만, 스웨덴의 MBA스쿨에서도 팀 단위로 과제를 부여했다.

교수는 "주제는 자유. 하지만 반드시 6명으로 구성된 팀을 이루어 팀원과 함께 공동으로 에세이를 작성한다"라고 했다. 학교에서는 심지어 6명의 팀을 강제로 구성해 주었다. 비슷한 언어권 학생들이 한 그룹에 몰리지 않도록 섞어놓은 것이다.

팀 단위로 진행되는 첫 과제가 부여되자마자 나는 당황했다.

"뭐야, 양이 그렇게 많은 것도 아니고 이번 과목에 관해서 쓸만한 아이디어도 있으니까 혼자 써도 충분할 것 같은데? 왜 굳이 팀으로 에세이를 써야 하지? 너무 쉽잖아? 게다가 난 가뜩이나 영어가 부족해서 말수도 적은 편인데 보나마나 다른 애들의 결정에 끌려다닐 거야. 차라리 혼자 하면 안 될까? 그러면 내가 쓰고 싶은 대로 쓸 수 있잖아."

그래서 담당교수에게 혼자서 에세이를 작성하겠다고 했더니 정곡을 찔리는 대답을 들었다.

"절대 안 되네. 생각해보게. 회사는 혼자서 돌아가는 곳이 아니네. 여기에서도 팀을 이루고 자네의 팀원을 설득하는 데 실패한다면 회사에서는 어떻게 되겠나. 팀 안에서 최선을 다해 자네의 의견을 피력하게. 팀 안에서 실패하면 자네가 실패한 거네. 하지만 팀 밖에서 혼자 성공한다고

---

[1] 이와는 정반대로 독일에서는 취업할 때 기업들이 성적표를 중요시하기 때문에 학생들이 점수에 목을 맨다고 한다.

해도 우리는 인정하지 못하네."

그렇게 나의 팀 생활이 시작되었다. 혼자 작성하던 에세이와 팀과 함께 작성하는 에세이의 난이도 차이는 엄청났다. 나는 내가 맡은 역할과 파트만 수행해내면 되므로 팀원으로서 에세이를 작성하는 것이 훨씬 수월할 줄 알았는데 그러한 나의 생각은 불과 이틀도 지속되지 못했다. 실제로 문화도 살아온 배경도 언어도 모두 다른 사람들이 모여서 마땅히 제목이나 컨셉도 정해지지 않은 상황에서 30페이지 분량의 논문을 작성한다고 생각해보자. 그야말로 싸움이 나지 않았으면 대단한 거다.

간단한 회의를 거치고 주제를 정한 우리 팀의 여섯 명은 서로 같은 주제에 대해 글을 쓴다고 생각하고 작성했지만, 엮어놓고 보니 서로 다른 여섯 개의 에세이가 따로 놀고 있었다. 결국 글을 작성하는 시간보다도 서로의 글들을 연결하는 데 시간이 더 걸리고 말았다.

 생각해봅시다

1. 팀에서의 커뮤니케이션은 무엇을 의미하는 걸까요?

2. '옛말에 백지장도 맞들면 낫다'는 말이 있습니다. 하지만 커뮤니케이션이 원활하지 않으면 백지장 드는 것도 쉽지 않을 수 있습니다. 여섯 명이 하나의 에세이를 써야 하는 우리 팀원들이 원활하게 과제를 수행하려면 어떻게 해야 할까요?

보랏빛 소와
스타벅스의 위기

"스타벅스는 더이상 편안하지 않다. 마치 회사에 온 기분이다."

2008년 1월 30일 미국의 《뉴욕타임스》는 스타벅스에 대해 아주 강도 높은 비판을 날렸다.[2]

스타벅스가 커피 기계를 도입하고 매장 내에 CD와 샌드위치를 함께 팔기 시작하면서 커피의 맛과 분위기가 모두 떨어지고 효율성만 높아지는 속칭 '카페의 패스트푸드화'되었고 이것이 스타벅스를 위기로 몰고 갔다는 것이다.

실제로 커피 기계와 CD, 샌드위치의 도입이 고객의 발걸음을 스타벅스로부터 돌리게 만들었는지의 여부는 아직 연구된 바가 없다. 하지만 2006년 이후 스타벅스의 주가는 계속 곤두박질 치고 있으며 스타벅스의 하워드 슐츠 회장 역시 당혹스러운 표정을 감추지 못하고 있다. 심지어

---

2) 출처: Overhaul, Make It a Venti-http://www.nytimes.com/2008/01/30/business/30sbux.html)

스타벅스는 2008년, 호주에서 전격 철수하기로 결정하고 7월 30일부터 8월 3일까지 약 5일 만에 전체 매장의 75%에 해당하는 61개 매장을 폐쇄했다. 고급스러운 유럽식 커피를 즐기는 호주인들에게 미국식 커피는 맞지 않았던 모양이다.

하지만 스타벅스의 성공과 실패, 그 뒤에는 재미난 사실이 숨어있다. 스타벅스의 하워드 슐츠 회장이 이탈리아 방식의 커피를 미국에 처음 들여올 때 분명히 미국 내에는 스타벅스 외에 다른 브랜드 카페가 전무하다시피 했다. 게다가 스타벅스는 브랜드 인지도 구축을 위해 한 도시 내에 최대한 많은 지점을 오픈하는 전략을 채택했다. 고객들의 입장에서는 발걸음이 닿는 곳곳마다 스타벅스가 눈에 띈다. 그 때문에 스타벅스가 주목받을 수 있었던 것이다.

하지만 지금은 스타벅스 외에도 엄청나게 많은 카페가 미국 전역에서 운영되고 있다. 한 마디로 말하자면 이제 스타벅스는 그저 '그렇고 그런 수많은 카페 중 하나'일 뿐이다.

여기에서 우리는 세스 고딘의 퍼플카우 이론을 등장시킬 수 있다.

세스 고딘은 어느 날 프랑스를 여행하고 있던 중 갑자기 끝없이 펼쳐진 들판에 수많은 소 떼를 보게 된다. 경이로운 광경에 감탄을 금치 못하던 그는 그러나 같은 풍경이 10분 이상 지속되자 곧 지루함을 느꼈다. 그러

세스 고딘(Seth Godin)
프랑스의 저명작가이자 기업인, 마케팅 전문가. 스탠퍼드 대학교 경영대학원 경영학 석사. 《보랏빛 소가 온다》 라는 책으로 유명세를 탐.

던 중 '저기 한복판에 보라색 소가 한 마리 있다면 얼마나 신기할까?'라는 생각을 했고 이러한 그의 경험이 마케팅 이론으로 등장한 것이 퍼플카우(Purple Cow) 이론이다.

남들과 다르다는 점만으로도 눈에 확 띄며 그것이 곧 그 기업의 장점이 된다는 것이다.

초기에 스타벅스는 확실히 퍼플카우였다. 그들은 초기 인스턴트커피만을 즐기던 미국시장에 일대 혁명을 몰고 온 기업이라고 할 수 있다. 그들의 커피 전문점은 성공적으로 전 세계에 확산되었고 스타벅스가 도입한 감성 마케팅 기법은 경영학 서적에도 언급되고 있을 만큼 주목을 받았다.

그런데 스타벅스가 주목받기 시작하자, 모든 커피 전문점들이 스타벅스를 따라 하기 시작했다. 지금에 와서는 모든 커피 전문점들이 감성마케팅을 기본적으로 수행하고 있는데다 판매되고 있는 커피의 종류도 별반 다르지 않다. 한 마디로 말해 모든 소들이 보라색이 되어버린 셈이다. 이광현 교수는 그의 저서 《스스로를 공격하라》에서 **"남들이 따라 할 수 있으면 그것은 핵심전략이 아니다"**라고 주장했다. 결국 스타벅스의 감성마케팅 및 이탈리아식 고급 커피 전략은 그들의 핵심전략이 아니었던 것이다.

스타벅스가 인스턴트 커피 'VIA'를 출시하면서 주가가 다시 상승했다. 하지만 그 효과 또한 오래가지는 않았다. 다른 회사들이 VIA를 얼마든지 따라 할 수 있기 때문이다. 스타벅스가 그들만의 가치를 지속적으로 창출하기 위해서는 그들만이 가지고 있는 핵심 역량을 새로이 다져야 할 때가 온 것이다.

Conference

리더십 과목이 끝나가면서 Final paper의 내용을 바탕으로 컨퍼런스를 개최하라는 주문이 떨어졌다. 내용인즉슨, 학교 건물 하나를 통째로 내줄 테니 각 팀이 알아서 기획하고 대중을 상대로 짧은 프레젠테이션을 진행해서 강의를 듣겠다는 사람을 모집한다는 것이다. 컨퍼런스에서 우리의 논문을 주제로 강의를 해서 좋은 반응을 얻어내면 성공이다.

컨퍼런스 당일까지 주어진 시간은 단 이틀. 내일은 무슨 수를 써서라도 멋진 광고를 진행해야 한다. Final paper 작성 초기에 주제에 관해 서로의 마음이 맞지 않아 Final paper 제출 시간 1분 전까지도 서둘러야 했던 우리 팀에게는 그보다 더 큰 불이 발등에 떨어진 셈이다.

총 70여 명의 학생들이 5~6명씩 팀을 이루어 수업을 들었다. 전부 열두 팀이 컨퍼런스에 등록했고 서로 자기들의 강의를 들으러 오라고 홍보를 하려고 한다. 열두 팀이 서로 동시에 경쟁에 뛰어든다면 대충 생각해 보아도 얼마나 치열할지 짐작할 만했다. 자존심이 강한 MBA 학생들인 만큼 다들 아주 멋진 프레젠테이션을 준비하여 사람들을 끌어들이려 할 것이 불 보듯 뻔했다. 우리 팀은 난관에 빠질 수밖에 없었다. '뭘 만들어서 사람들을 우리 쪽으로 끌어들이지?'

생소한 사람들에게 경영학 강의는 아무리 쉽고 재미있게 설명해도 어렵고 따분한 법이다.

그때 팀원 중 한 명이 농담삼아 제안했다. "우리 에세이 내용 중에 퍼플카우 이론이 있으니까 니가 퍼플카우로 변신해보면 어때?" 그때 머릿속에서 예전에 즐겨보던 코미디 TV 프로 장면들이 지나가며 진지한 강의를 유머러스하게 바꿀 수 있겠다는 생각이 들었다. 또한 퍼플카우의 개념이 평범함을 거부하고 눈에 띄는 전략을 세우라는 개념이므로 기본 개념과도 일맥상통할 것 같았다. March의 리더십 이론 중 모험과 안정에 대한 조화를 다루느라 Final paper에 퍼플카우 이론이 사용되었을 뿐, 사실 퍼플카우는 마케팅 이론이다. 세스 고딘은 《퍼플카우》 책을 마케팅하면서 자신이 스스로 퍼플카우 사례를 실천하기 위해 책을 보라색 우유곽에 넣어 판매하거나 자신의 세미나 참가비 대신 책을 구입하도록 하는 등 다양한 방법을 동원하여 책이 출간되기도 전에 이미 베스트셀러 랭킹에 오르는 기록을 세웠다고 한다.

"그거 재미있겠다. 한 번 해보자. 이왕 할 거 멋지게 하는 것보다는 웃기게 신문지로 보라색 소를 만들어 뒤집어쓰고 하면 재밌겠다!"

우리는 신문지에 얼룩덜룩 무늬를 그려 넣은 옷을 입어 보라색 송아지로 변장한 뒤, 앞뒤에 "Free purple milk(보라색 우유를 드려요)!"라고 크게 쓰고는 온 학교를 사방팔방 쏘다녔다. 심지어는 등에 신문지로 만든 날개를 달고 강의실 한복판까지 뛰어들어가서 "나는 슈퍼카우다! 나는 날 수도 있다! 크하하하하!"라고 소리지르며 온 강의실을 뒤집어놓고 다녔다.

드디어 컨퍼런스 당일 우리는 "퍼플카우 이론이 도대체 뭐냐?", "purple milk를 어떻게 만들었을지 궁금해서 왔다"는 수많은 사람들을 어떻게 조그만 강의실에 몰아넣어야 할지 고민해야만 했다. 사실 Purple milk는 우유에 블루베리 잼을 섞어 보랏빛이 나도록 만든 보통 우유에 불과했다.

그리고 우리는 경영학과 별반 상관없는 사람들에게 좀 더 재미있게 설명하기 위해 퍼플카우 이론을 기반으로 스타벅스 사례를 강도 높게 비판했다. 비록 우리가 스타벅스를 능가할 만한 기업을 세운 것도 스타벅스를 비난할 만한 업적을 쌓은 것도 아니지만, 스타벅스는 생소한 사람들에 퍼플카우 이론을 설명하기에는 최적의 사례였다.

다른 팀의 경우 주로 동영상이나 배경음악 등을 접목한 홍보를 시도했고 비교적 튀는 퍼포먼스를 펼친 우리 팀은 교수의 이목을 끌 수 있었다. 이렇게 해서 우리는 퍼플카우에 대한 강의를 무사히 마쳤다.

교실 밖 이야기_
Mafia Game

이 게임은 하버드대학교의 심리학과에서 개발한 카드게임입니다.

1. 약 15~20여 명 정도 되는 사람들이 둘러 앉습니다.

2. 인원 수와 똑같은 개수의 카드를 준비합니다. 이 카드에는 K(킬러)가 4장, D(의사)가 1장, G(진행자)가 1장이 포함되어있으며 나머지는 일반카드로 분류합니다.

3. 준비된 카드를 1장씩 나누어 갖습니다. 받은 카드는 다른 사람들이 눈치채지 못하도록 혼자서만 확인합니다.

4. G(진행자) 카드를 받은 사람만 카드를 공개합니다.

5. 진행자가 게임을 시작합니다. "첫 번째 밤입니다. 모두 고개를 숙여주시고 눈을 감아주시기 바랍니다. 그리고 마피아가 활동하는 동안 발생하는 소음을 묻기 위해 땅바닥을 가볍게 두드려주시기 바랍니다."

6. 모두 눈을 감고 고개를 숙인 채 조용히 바닥을 두드려서 소리를 낸다.

7. 진행자: "마피아인 4분은 조용히 눈을 뜨시고 죽일 사람을 선정해주시기 바랍니다."

8. K 카드를 받은 4명은 서로를 확인한 뒤, 일반인 중 한 명을 고른다. 마피아가 고른 사람을 진행자가 확인한다.

9. 진행자: "마피아는 눈을 감으시고, 의사는 눈을 뜨시기 바랍니다."

10. 마피아 4명은 다시 고개를 숙인 채 눈을 감고 의사 카드(D)를 가진 사람은 조용히 눈을 뜬다.

11. 진행자: "생명을 구하고자 하는 사람 한 명을 지목해 주시기 바랍니다. 자기 자신을 구할 수도 있습니다."

12. 의사는 누가 살해당할 것 같은지 생각해보고 살리기를 원하는 사람을 지목하고 진행자가 살릴 사람을 확인한다.

13. 이때 마피아가 지목한 피살자와 의사가 지목한 사람이 다르면 피살자는 죽는다. 마피아가 지목한 피살자와 의사가 지목한 사람이 같으면 아무도 죽지 않는다.

14. 진행자: "이제 날이 밝았습니다. 간밤에 ○○○군이 도로변에서 변사체로 발견되었습니다.

15. 이제 ○○○군은 아무 말도 할 수 없습니다. 나머지 분들은 서로 의견을 나누신 뒤에 누구를 마피아로 지목하여 사형에 처할 것인지 정해주시기 바랍니다. 마피아로 지목된 사람은 죽습니다."

16. 피살된 사람은 자신의 카드를 공개한 뒤에 아무 말도 하지 않는다. 피살된 사람을 제외한 나머지 사람들은 서로의 행동이나 말투의 변화, 피살자와의 관계 등을 세밀하게 관찰하며 토론한다. 전체 인원 중 4명은 거짓말을 하고 있으므로 그 점도 유의한다. 단, 진행자는 이 과정에서 아무런 이유 없이 특정 인물을 마피아로 지목하는 상황을 배제하도록 유도한다. 토론이 끝나면 그 중 가장 유력한 마피아 후보를 놓고 투표를 실시하여 가장 많은 표를 획득한

사람에게 진행자가 사형을 선고한다.

17. 진행자: "ㅁㅁㅁ양이 가장 많은 표를 획득하여 체포되었습니다. ㅁㅁㅁ양은 최후의 발언을 해주시기 바랍니다."

18. 사형을 선고받은 ㅁㅁㅁ양은 자신에게 투표한 사람들의 마음을 돌리기 위해 발언한다.

19. 진행자: "ㅁㅁㅁ양에게 투표를 하신 분들 중 마음을 돌리신 분 계십니까?"

20. 마음을 돌린 사람이 있어, 다른 사람이 최다득표를 하게 되면 그 사람을 대신 사형대에 세우고 발언을 시키면 된다. 만일 마음을 돌린 사람이 없거나 있더라도 최다득표라면 진행자는 그 사람을 사망 처리한다. 사망힌 사람의 카드는 다음 날 아침에 공개한다.

21. 진행자에 의해 두 번째 밤이 시작되고 마피아는 또 다른 사람을 살해하고 의사는 죽을 것 같은 사람을 지목한다. 이미 사망한 사람은 여전히 아무 말도 할 수 없으며, 다만 밤에 눈을 뜨고 누가 마피아인지 확인할 수는 있다. 마피아가 모두 잡히거나 민간인이 모두 희생될 때까지 반복한다.

이 게임이 심리학적으로 중요한 이유는 게임 참여자들의 사소한 행동 변화, 표정, 말투의 변화 심지어는 참여자 간의 개인적인 친분관계까지 모두 변수로 계산해야 한다는 사실 때문이다. 하지만 이 게임의 교훈이 심리학과에서만 사용되는 것은 아니다. 기업 간 또는 개인 간의 협상 과정에서도 유리한 협상을 진행하기 위해 상대의 약점이나 심리상태의 변화를 읽어내기 위해 애를 쓰는 경우가 많다.

삼성경제연구소가 출판한 《CEO는 낙타와도 협상을 한다》(안세영)를 참고하면 협상가들이 협상 테이블에서 사용하는 다양하면서도 비열(?)한 전략들이 잘 표현되어 있다.

또한 Roger B. Myerson 교수의 《게임이론》(Harvard University Press, 1997)을 보면 협상 테이블에서 협상가들은 내가 던진 선택으로 인해 상대방의 선택이 달라지는 것을 계산한다고 한다.

예를 들어, 현재 미국시장에서 코카콜라와 펩시콜라가 경쟁 중이며 현재 두 회사는 연 10만 달러의 수익을 올리고 있다. 그런데 만일 코카콜라가 TV에 광고를 내면 코카콜라의 수익은 60만 달러로 상승하겠지만, 반대로 펩시콜라의 수익은 1만 달러까지 추락하게 된다. 하지만 그렇게 되면 당연히 펩시콜라에서도 똑같이 TV에 광고를 낼 것이 분명하다. 그렇게 되면 양사는 각 2만 달러 정도의 수익만이 발생하게 된다. 그러면 코카콜라가 TV에 광고를 내는 것이 좋은 선택일까? 아니면 그냥 연 10만 달러의 수익을 유지하는 것이 좋은 선택일까?

 생각해봅시다

1. 여러분이 코카콜라의 사장이라면 TV 광고를 진행하시겠습니까?
아니면 현재 매출을 유지하시겠습니까?

2. 여러분이 펩시콜라의 사장이라면 어떻게 하시겠습니까?

3. 왜 그렇게 생각하시나요?

Course 2

경영기법

Business
Process

●●● 1985년에 일본의 경영학자, 오마에 겐이치의 주도로 작성된 전통적인 세계화 자료들을 보면 많은 경영학자들은 세계를 다음과 같이 삼분화해오곤 했다.

1. 미국과 주변
2. 유럽과 주변
3. 일본과 주변

이 삼분법을 이용해 한국을 표현한다면, 한 마디로 우리나라는 일본경제에 의존하는 나라가 되는 셈이다.[3]

그런데 최근에 발표된 많은 세계화 연구자료에서 우리나라는 이미 선진국으로 취급받고 있었다.

오마에 겐이치(大前研一)

일본의 경영컨설턴트. 《부의 위기》 (2006), 《돈 잘 버는 사람은 머리를 어떻게 쓸까?》 (2005) 등 다양한 경영학 관련 저서를 집필함.

---

3) *Redefining the global triad, Chong Ju Choi, European Business Review, 1996을 참고할 것.

실제로 많은 연구 데이터들이 우리나라를 일본보다 약간 낮을 뿐 거의 비슷한 상황인 것으로 보고하고 있다. 2010년 들어 한국의 GDP는 20,000달러를 회복했고 G20의 개최뿐만 아니라 다양한 정치적 경제적인 이유로 한국은 일본과 함께 제1세계로 분류되고 있다. 이제 더는 교육 생산 수출입 등 모든 분야에서 이미 우리나라와 선진국을 분리하여 비교하는 것은 무의미하게 되었다. 자세한 국가별 자료는 갭마인더(http://www.gapminder.org/)에서 비교해볼 수 있다.

발표를 맡은 MBA 학생들은 북미, 호주, 유럽과 일본,한국 등을 묶어 선진국으로 표현하고 BRICs 등을 신흥개발국으로 묶었으며 아프리카를 포함한 그 외의 국가를 미개발국으로 분류하여 비교했다.

또 그것을 비교하여 설명하기 위해 GDP 소득수준별로 색깔이 다르게 칠해진 세계지도를 스크린에 띄워 선진국과 후진국을 비교했는데, 선진국 그룹에는 미국과 캐나다, 유럽과 호주 등이 포함되어 있었으며 아시아에는 일본과 한국, 싱가포르 정도였다.

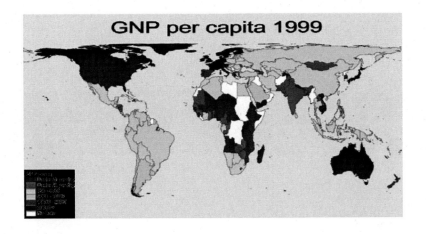

GNP per capita 1999

전 세계의 경제학자들과 MBA 학생들이 우리나라를 일본에 뒤지지 않는 선진국 그룹이라고 표현하고 있는 것이다. 높아진 우리나라 경제의 위상을 한껏 실감할 수 있었다.

BRICs와 함께 NEXT11 신흥국가를 정확하게 예측 보고하여 학계의 관심을 모았던 골드만삭스가 최근에 다시 2050년 GDP 예측 보고서인 〈IS BRICs STABLE?〉을 내놨다.

그런데 여기에 우리나라의 이름이 미국의 뒤를 이어 세계 2위에 랭크되어있다는 점이 흥미롭다.

골드만삭스의 보고서에 의하면, 우리나라가 지금 평화적인 통일을 이룩하게 된다면 북한의 인건비 및 자원과 남한의 기술이 접목되어 강력한 시너지 효과를 만들게 될 것이며, 그렇게 되면 70년대 한강의 기적과 같은 경제의 수직상승을 다시 한 번 기대할 수 있게 된다는 것이다. 이 보고서는 심지어 자신들이 주장했던 BRICs를 BRICKs로 바꾸어야 한다고 주장하기도 했다.

수천 년 동안 외세에 끌려다니던 조그만 나라 대한민국. 이제는 우리가 세계를 이끌어 갈 차례이다. 지금 세계는 그 어느 때보다도 더욱 우리나라를 관심 있게 지켜보고 있다. 2050년이 되기 전에 평화적으로 통일을 이룩하여 세계 2위의 강대국이 되는 것이 가능할까? 물론 우리가 하기 나름이다.

Beer game

기업에게 재고는 다시 말해 돈이다. 돈을 남기려면 재고를 없애야 한다. 그건 누구나 알고 있는 사실이다. 그런데 어찌 된 일인지, 기업마다 재고를 없애기는커녕 수십억 규모의 재고를 떠안은 채 어찌할 바를 모르고 쩔쩔매다가 파산으로 치닫고 있다.

"왜 이렇게 된 걸까?"

교수의 질문에 우리는 "음, 그건 고객이 물건을 얼마나 사갈지 몰라서 많이 생산해놓은 재고 닐까요?"라고 대답했다.

"그럴 수 있겠지. 그렇다면 수요예측이 안 되어서 그런 것이다? 수요예측이 제대로 된다면 문제가 없겠군?"

"네. 아마도 수요예측이 정확하다면 문제가 없을 것 같습니다."

> 이 게임은 유통과정에서 발생하는 비용발생의 원인에 대해 파악하기 위한 게임이다.
>
> 4명으로 이루어진 팀원은 각각 소매상, 도매상, 물류센터, 공장 중 하나를 담당하게 된다.

그리고 소비자로부터 주문이 들어오면 소매상은 물건을 팔면 되는 것이다. 다른 팀원도 마찬가지로 자기 자리에서 물건을 팔고 다른 팀원에게 물건을 주문한다.

[소비자] [소매상] [도매상] [물류센터] [공장] [재료산지]

- 각 팀원은 게임 시작 전, 12의 재고를 가지고 있다.

- 팀원이 주문을 할 경우, 해당 주문이 상위개체로 전달되기까지 2일이 소요되며, 하위개체로의 배송처리에 2일이 소요된다. 따라서 주문한 물건을 배송받기까지 총 4일이 소요된다.

- 재고가 모자라서 전량을 배송하지 못한 경우, 다음날 추가로 배송할 수 없으며 손실로 처리된다.

- 각 팀원은 게임 도중 서로 대화를 나눌 수 없으며, 주문과 배송 역시 다른 팀원이 볼 수 없다.

- 주문을 받았을 때 재고가 모자라면 1개당 $15의 손실이 발생한다.

- 창고에 보관 중인 재고는 1개당 $5의 유지비가 매일 소요된다.

게임의 목표: 재고가 모자라거나 넘치지 않도록 유지하여 유통비용을 최소화해야 한다.

게임방식:

- [소비자]로부터 매일 일정량의 주문이 발생한다.

- 소비자로부터 주문을 접수한 [소매상]은 주문량을 소비자에게 배송하고 자신의 재고수량과 주문량을 고려하여 적절한 수량을 [도매상]에 주문한다.

- 소매상으로부터 주문을 접수한 [도매상]은 주문량을 [소매상]에게 배송하고 자신의 재고수량과 주문량을 고려하여 적절한 수량을 [물류센터]에 주문한다.

- 도매상으로부터 주문을 접수한 [물류센터]는 주문량을 [도매상]에 배송하고 자신의 재고수량과 주문량을 고려하여 적절한 수량을 [공장]에 주문한다.

- 물류센터로부터 주문을 접수한 [공장]은 주문량을 [물류센터]에 배송하고 자신의 재고수량과 주문량을 고려하여 적절한 수량을 생산한다.

- 위 과정을 약 60회 반복한다.

- 각 팀원은 매일 발생하는 재고와 주문 및 배송량을 기록한다.

- 60회의 반복과정을 마친 뒤, 데이터를 비교해본다.

게임결과

팀원들은 약 60일간 자신의 설비를 관리하며 맥주를 팔았
다. 팀원들은 아무도 모르고 있었지만 사실 소비자로부터의
주문은 4~8 정도로 고정되어 있었다. 따라서 상식적으로 생각해보자면
소매상과 도매상, 물류센터 또한 8 이상의 재고를 유지할 이유가 없었다.
당연히 공장 또한 매일 8개만 생산하면 된다. 하지만 결과는 어떻게 되었
을까?

각 팀의 공장이 보유한 맥주의 재고는 평균 500여 개. 적은 팀은 150여 개
에서 많은 팀은 2,000여 개에 달하는 맥주를 매일같이 생산해대고 있었다.

게임이 끝난 뒤, 게임을 진행한 교수는 각 팀의 공장 담당자들에게 질
문했다.

"소비자 측으로부터의 주문이 얼마쯤 되었던 것 같나?"

"글쎄요. 제가 게임 중반에는 매일 평균 150개씩 배달했으니까…… 소
비자 측에서의 주문도 150~200개 정도 되지 않았을까요? 그런데 게임 후
반에는 오히려 소비량이 급격히 줄었던 것 같아요."

소비자 측으로부터의 주문은 꾸준히 4~8 사이에 머물렀다는 것을 상
기하면 당황스러운 결과였다.

왜 이러한 현상이 발생했을까? 대부분 팀에서 [소매상]을 맡은 팀원들은 게임 초반에 소비자로부터의 주문은 4~5뿐이었는데다 자신의 재고가 12나 되므로 재고를 줄여야겠다고 생각한 소매상은 도매상에 1~2 정도만을 주문했다. 따라서 상위업체들(도매상, 물류센터, 공장) 역시 주문 및 생산을 적게 했다. 약 5~6일 후 소비자의 맥주 구매량이 8로 바뀌고 [소매상]의 재고가 급격하게 줄어들기 시작하자, [소매상] 측은 다급히 대량의 맥주를 주문하기 시작했다. 하지만 그동안 [소매상]의 주문은 평균 4~5 정도였기 때문에 유통업자들 역시 재고를 많이 가지고 있지 않았고 [소매상]의 주문이 [공장]까지 전달되고, 다시 [공장]으로부터 [소매상]까지의 유통과정을 통해 물건이 배달되기까지는 14일 이상 소요되기 때문에 [소매상]의 재고는 기어이 0까지 떨어지고 말았다. 이 사건은 [소매상]의 마음을 초조하게 만들었다. 이때부터 주문서에 기재된 주문량은 최소 20~50단위로 급히 뛰기 시작했고 무슨 일이 일어나는지 알지 못하는 [공장]은 밀려오는 주문을 맞추기 위해 많은 양의 맥주를 생산해내기에 여념이 없었다. 게임이 중반으로 접어들면서 각 유통단계에 쌓인 재고는 100단위 이상으로 치솟기 시작했다. [소매상] 역시 재고가 산더미같이 쌓이기 시작할 때 즈음 [소매상]은 [소비자]로부터의 주문이 8 이상으로 크게 변하지 않는다는 것을 눈치채기 시작했고 다시 재고를 줄이기 위해 주문을 아예 0으로 떨어뜨려 버렸던 것이다. 이 상황이 공장에까지 전달되려면 마찬가지로 10일 이상이 소요된다. 만일 그동안 공장이 매일 2,000개의 맥주를 생산하고 있었다면? 공장은 팔리지도 않을 약 2만 개의 맥주를 창고에 쌓아놓아야 한다는 이야기가 되는 것이다.

"으악! 공장에 재고만 4만 개에다 적자가 벌써 수만 달러야."

"어휴. 쪽팔려. 우리 어디 가서 경영학과 학생이라고 말하지 말자."

"그러게 말이야. 하하하."

대부분의 공장들은 소비자의 주문이 아닌 [물류센터]의 주문을 바탕으로 물건을 생산한다. 소비자의 실제 구매량을 알지 못하는 상황에서 공장들은 [물류센터]의 주문을 실제 소비량이라고 판단하기 쉽다.

유통업자들은 주문에 즉각 대응하기 위해 예상되는 주문보다 많이 재고를 유지하고자 한다. 또한 많은 [소매상]들이 매일 적은 양의 주문을 하기보다는 2주에 한 번 또는 한 달에 한 번 정도 대량주문을 하는 편이다. 따라서 [도매상] 이상의 유통업자들은 많은 재고를 항상 비축해 두어야 한다.

소비자로부터의 주문은 [소매상]과 [도매상] 그리고 [물류센터]를 거쳐 [공장]에 전달된다. 따라서 요청한 주문서에 해당하는 물건을 공장으로부터 전달받기까지 14일 이상의 긴 시간이 소요된다.

결국 모든 유통단계의 관계자들이 소비자를 바라본 것이 아니라 자신의 고객(하위유통업자)이 제시한 주문서를 기반으로 일했던 것이 화근이었다. 이렇게 유통업자들, 특히 소매상의 불규칙한 주문에 의해 [공장]의 생산량이 급격하게 변하는 현상을 '채찍 효과'라고 한다.[4]

---

4) *비어게임은 1960년대 MIT의 Jay Forrester 교수에 의해 개발된 게임이다. 더 자세한 내용이 궁금하다면 다음의 웹사이트를 참고할 것.
http://www.beergame.org http://www.masystem.com/beergame http://beergame.mit.edu

1. 채찍 효과가 나타나는 유통구조를 어떻게 하면 개선할 수 있을까요?

2. 비어 게임에서는 하나의 제품, 하나의 유통구조만 표현되었습니다. 하지만 현실에서는 많은 제품들이 많은 경로를 통해 움직입니다. 때로는 몇몇 소매상들은 제품 배송이 늦다며 이미 발주했던 주문을 취소하고 다른 도매상에서 물건을 주문할지도 모르겠군요. 현실의 비어 게임은 읽어내기가 매우 복잡합니다. 이러한 환경에서 채찍 효과를 예측하고 수요량을 읽어내려면 어떻게 하면 될까요?

SCM의 키워드는 무엇인가?

Business Process

Beer game은 유통구조에서의 물류관리(Supply Chain Management, SCM)
의 중요성을 보여주는 단적인 예이다. 유통업자들 간의 커뮤니케이션의
부재, 지나치게 긴 리드타임 (유통시간)이 공장담당자의 잘못된 판단을 불
러왔다. 이를 개선하기 위해 많은 기업들은 ERP나 POS 등의 전산시스템
을 도입하기도 하고 각 유통과정에 속해있는 업체들과 판매정보를 공유
하기도 하며 또는 아예 중간경로를 아예 없애버리는 경우도 있다. 각 유
통업체가 보유하고 있는 재고량 자체가 비용으로 연결되기 때문에 모든
유통과정에서 재고를 줄이고자 협력하는 것이다.

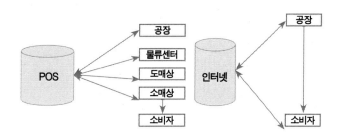

결국 SCM에서의 키워드는 '재고 = 0' 그리고 '협력'이 되는듯 했다. 하지
만 그것이 전부는 아니었다. 삼성경제연구소는 2008년 8월 〈경쟁우위의

새로운 원천: SCM)*이라는 연구보고서를 발표하면서 SCM 2.0이라는 개념을 소개했다. SCM 2.0에서의 차이점은 '탄력, 그린, 고객지향'이다. 내용인즉슨 SCM의 목적은 재고를 줄이는 것만이 아니라 고객 만족으로 이어지는 데에 있으며 '재고=0'보다는 JIT(Just In Time, 필요할 때 바로바로 사용할수 있게 만드는 개념)에 집중해야 한다. 따라서 탄력성이 매우 중요하다는 내용이다. 다시 말해 SCM의 키워드는 '고객 만족을 목적으로 재고는 줄이되 탄력성은 유지하는 것'이다. 예를 들어, 편의점 점포에서 물건이 팔릴 때마다 바코드를 인식시키면 편의점 본사의 모니터에 실시간으로 표시된다. 그러면 본사에서 그 데이터를 보고 생산량을 관리하는 것이다. 그리고 편의점 점포에 재고가 모두 떨어지기 전에 필요한 재고를 채워준다. 그것이 SCM의 키워드이다.[5]

---

5) 삼성경제연구소의 보고서는 홈페이지(seri.org)에서 원문 확인이 가능하다.

필립스와 마츠시타의
조직운영전략

필립스와 마츠시타는 정반대의 조직을 운영하여 성공한
대표적인 기업들로 유명하다.

필립스는 1892년 Gerard Philips가 네덜란드에서 창업한 회사로 전구필라멘트에만 올인하는 전략을 사용하여 전구분야에서 월등한 기술력을 획득했다. 초기부터 직원복지에 신경을 많이 썼으며 전 세계에 설립된 지사에 많은 권한을 위임하여 현지에서 각 나라에 맞는 제품을 개발하고 마케팅 전략을 수립하여 판매까지 직접 수행했다. 덕분에 각 나라의 지사들이 각자 기술을 보유하고 있었다. 대표적인 예로, 필립스 최초의 컬러TV는 캐나다지사가 개발했고 스테레오기능의 TV는 호주지사가 개발했으며 자막기능이 있는 TV는 영국지사가 개발했다. 이렇게 많은 지사 또는 조직이 동등한 권한을 가지고 각자 정보를 공유하며 역할을 수행하는 것을 '매트릭스' 구조라고 한다. 덕분에 각 나라마다 현지사정에 꼭 맞는 제품들이 많이 개발되었고 이는 곧 경쟁력으로 이어졌다. 하지만 필립스의 조직이 비대해짐에 따라 전략의 실행이 둔해지고 이익이 줄어드는 상황이 발생했고 필립스의 경영진은 각 지사의 개발 및 연구권한을 빼앗아 본사에서만 수행하도록 변경하기에 이르렀다.

마츠시타는 1918년 Konosuke Matsushita에 의해 일본에서 창립된 회사로 National, Matsushita, Panasonic등의 브랜드를 사용해 왔으나 너무 많은 브랜드를 사용하여 효율성이 떨어진다는 지적을 받자 2008년경에 Panasonic브랜드만 남기고 모두 없애버렸다. 마츠시타는 연구개발을 비롯한 제품에 관한 모든 권한을 본사에서 가지고 있으며 해외 지사에서는 판매만 담당하고 있다. 덕분에 의사 결정과 제품개발이 빠르게 수행되었고 비용이 절감되었으며 이에 따르는 많은 장점을 얻을 수 있었다. 하지만 동시에 해외의 시장에 전혀 대응하지 못하는 일본시장만을 위한 제품이 계속 개발되었고 마츠시타의 해외진출은 수십 년째 제자리를 맴돌고 있었다. 이에 따라 마츠시타는 해외 지사에게 제품을 개발하도록 지시하여 현지화된 제품을 생산하기 시작했다.

 생각해봅시다

1. 마츠시타와 필립스의 사례가 주는 교훈은 무엇일까요?

2. 마츠시타와 필립스 중 어느 기업의 전략이 더 옳다고 생각하시나요?

YES or NO? LEFT
or RIGHT?

인생은 선택의 연속이라고 했다. 기업으로서도 마찬가지다. 현재의 제품에 집중하여 판매를 끌어올리는 것이 현명할까? 아니면 과감히 기존제품을 포기하고 성공 여부를 확신할 수 없는 신제품으로 대체하는 것이 현명할까? 대부분의 기업들은 철저한 현지화(Localization)를 선택하거나 단일 표준제품으로 전 세계의 시장을 공략하는 방법(Globalization) 중 하나를 선택한다.

"마츠시타도 그랬고 필립스도 그랬듯이 저마다 사정에 꼭 맞는 전략을 선택하기 마련이지. 그렇다면 경영자로서 나는 어떤 전략을 선택해야 할까?"

마츠시타와 필립스의 전략이 어지럽게 필기되어 있는 칠판 앞에서 교수가 던진 질문이었다.

경영실적으로만 놓고 보자면 마츠시타가 필립스보다는 좀 더 나은 경영을 펼친 것으로 보였다. 하지만 현지화에서 실패에 가까운 경험을 했던 마츠시타는 지금은 적어도 유럽지역에서는 그 브랜드를 찾아보기 어렵다고 해도 과언이 아닐 정도다. 그렇다고 딱히 필립스도 좋은 결과를 낸 기업은 아니다.

학생들이 마땅히 결론을 내리지 못하고 머뭇거리자 교수는 다시 물었다.

"어떤 사람이 하루 24시간을 웃는다고 가정해보지. 이 사람이 좋은 일이 있건 나쁜 일이 있건 항상 웃기만 한다면, 만일 자네 친구가 이런 사람이라면 어떤 생각이 들까?"

"미친 놈 취급할 것 같은데요."

"그럴 테지. 그럼 반대로 좋은 일이 있건 나쁜 일이 있건 항상 우는 사람이 있다면 어떨까?"

"그 사람도 정신병원으로 좀 데리고 가야 할 것 같습니다."

"마츠시타나 필립스는 크게 성공한 기업들이지만 여기에서는 모두 실패사례야. 마츠시타는 현지화에 실패했고 필립스는 중앙통제에 실패했지. 그들이 수행했어야 할 전략은 Globalization(세계화) 전략도 아니고 Localization(현지화) 전략도 아닌 Glocalization[6] 전략이야. 두 개를 적절하게 조화롭게 수행했어야 하는데 한쪽으로만 너무 치우친 거지."

아주 간단하면서도 명료한 대답이었다. 마츠시타와 필립스의 전략에 대한 질문은 마치 '엄마가 좋아? 아빠가 좋아?'와 같은 질문이었다. 공부를 잘해야 할까? 외모를 잘 가꾸어야 할까? 영어를 열심히 해야 하나? 수학을 열심히 해야 하나? 일과 사랑 어떤 것이 더 중요할까? 당연히 둘 다 중요하다. 둘 중 하나를 선택할 필요도 없다. 이 사례를 통해 MBA 수업은 다시 한 번 '중도'의 중요성을 강조한 셈이다.

---

6) Glocalization: Globalization + Localization의 합성어로 세계화와 현지화를 적절하게 수행해야 한다는 내용의 이론이다.

Written Exam

(스웨덴의 시험)

경영기법 과목을 마치고 필기 시험일이 다가오자 학생들은 너나 나나 할 것 없이 모두들 불안에 떨기 시작했다. 그도 그럴 것이 2학년 선배들로부터 경영기법 과목 담당교수의 악명높은 시험이야기를 전해 들었기 때문이다.

시험 범위는 수업내용 전체, 영어논문 약 70여 개(약 2,100페이지 분량)에 참고자료라며 시험일을 일주일 남겨두고 새로 나누어준 논문을 모두 합치니 3,200페이지 정도가 되었다. 당연히 모두 시험 범위에 속한다. 선배들로부터 작년의 시험문제를 슬쩍 빼돌려 온 친구들도 있었다. 그런데 시험 범위의 엄청난 분량은 알고 보니 문제도 아니었다. 몇몇 학생들이 작년에 출제되었던 문제를 빼돌려와서 메일로 보내주었는데, 그것을 보니 문제의 난이도가 꽤 높은데다 선배들의 말을 참고하자면, 작년에 필기시험에서 F를 받아 재시험을 치른 학생 수의 비율이 80%에 육박했다는 것이다. 죽어도 F를 받아서 재시험을 치르고 싶지는 않았다. F를 받아서 재시험을 치르게 되면 다음 과목 시험일에 두 과목의 시험을 한꺼번에 치러야 하므로 부담감이 크기 때문이다.

학교 측에서는 F를 받는 학생 비율이 80%에 육박한다는 이야기는 루머에 불과하다며 걱정하지 말라고 강조했지만, 시험 결과가 발표된 다음에 비교해보니 정말로 80%가량의 학생들이 F를 받은 것으로 확인되었습니다.

하하하! 교수님…… 루머라면서요.

스웨덴의 대학교는 일반적으로 약 60~70%의 학생들에게 F를 주곤 합니다. 학교에 따라 90% 이상의 학생들에게 F를 주는 학교도 있다고 하더군요. 하지만 F를 받더라도 두 차례의 재시험에 응시할 수 있어, 부담감이 한국의 학교에 비해 상대적으로 적은 편입니다. 오히려 좋은 성적을 내기 위해 첫 시험에서 고의로 F를 받는 학생들도 있을 정도니까요.

이렇게 되면 요령껏 공부할 것도 논문들의 핵심을 짚어가며 이해하고 말고 할 여유도 없다. 최대한 정리하여 닥치는 대로 외우기를 반복했다. 평균 취침시간 새벽 3시. 가끔 가다 집중력이 받쳐주면 새벽 4시까지도 내달렸다. 고3이었을 때도 이렇게 공부하지는 않았던 것 같다. 게다가 필기 시험일은 우연히도 한국의 수능일과 겹쳤다. 새벽같이 일어나서 엄청난 양의 정리 요약본을 읽어가며 시험장으로 향하는 기분은 마치 대입 수능을 치르러 수능시험장에 가는 기분이었다.

스웨덴에서 시험을 치르는 것은 색다른 경험이었다. 부정행위는 사전에 철저하게 차단하고 그 안에서 최대한의 자유를 허용한다. 그를 위해 학교 측에서는 시험을 위한 별도의 건물을 운영하고 있었다.

시험을 치르고자 하는 학생은 최소한 10일 전에 미리 등록하여 좌석을 확보해야 한다. 그렇지 않으면 다음 달에나 시행되는 재시험일까지 기다려야 할 수 도 있다.

그 시험전용 건물은 시험에 등록된 학생이 아니면 들어갈 수 없다. 정문 앞에서 바코드 기기를 들고 모든 학생들의 학생증을 일일이 검사하기 때문이다. 학생증을 바코드로 인식하여 정문을 통과했으면 끝난 것이냐? 그것도 아니다. 본격적인 소지품 검사가 기다리고 있다. 휴대폰, 전자사전을 비롯한 모든 전자기기가 금지되며, 시험장 내 소지가 허가된 물품(필기도구, 스낵, 음료 등)을 제외한 모든 물품은 압수되어 사물함에 보관된다. 한 마디로 연필과 과자 몇 개 말고는 빈 손으로 건물에 들어가는 셈이다. 시험장 건물은 외부와의 통신이 철저하게 차단된다. 대신에 건물 내에서는 최대한의 자유가 허용된다. 시험이 시작된 뒤에도 도중에 마음대로 화장실에 다녀오거나 건물 내부를 돌아다니며 휴식을 취할 수도 있다. (하지만 대부분의 경우 답안을 작성하는 데 적당한 시간을 제공하기 때문에 휴식을 취할 만한 여유는 없다.) 시험시간은 과목마다 다르게 운영되고 있으며 답안작성이 끝난 학생은 즉시 건물을 떠나야 한다. 이번에 치른 경영기법 과목은 4시간을 허용해 주었는데, 어떤 과목은 아예 온종일 허용해주고 끝날 때까지 알아서 시험을 치르도록 하는 과목도 있다고 들었다.

시험지를 받아들자 감독관이 다가와서 학생증을 다시 검사한다. 시험지에는 시험을 치르는 학생에 대한 정보가 전혀 들어가지 않는다. 대신에 시험장에서 즉석에서 생성된 일련번호를 발급받는다. 이것을 AID(Anonymous ID)라고 하는데, 이 다섯 자리 숫자가 학생의 이름 대신 기재되기 때문에, 채점을 하는 교수가 특정학생에게 더 많은 점수를 주고 싶어도 누가 누군지 알 수 없게 되므로, 공정한 채점이 이루어질 수밖에 없다. 감독관이 학생증을 바코드 기계로 읽어들이자, 암호화된 AID 번호가 LCD 화면에 표시된다. 그 번호를 시험지에 이름 대신 적어넣고 시험을 시작하면 된다. 시험이 끝난 뒤에도 감독관은 시험지의 분실 여부와 수험번호의 일치 여부를 일일이 체크하고 학생증과 다시 한 번 대조한 뒤에 아무런 이상이 없는 것을 확인하면 시험장을 빠져나올 수 있다.

시험 끝! 그리고……

시험장을 빠져나오는 기분은 마냥 홀가분하기만 했
다. 우리들 중 누가 F를 받아 재시험을 치르게 될지는
아무도 알 수 없지만 모두들 지금 생각하는 건 마찬가
지였다.

"이야~! 드디어 시험이 끝났다. 이제 한동안은 발 뻗고 잘 수 있겠구
나~"

몇몇은 이미 시험이 끝나자마자 어디론가 여행을 떠날 계획을 세우고
있었고, 몇몇은 주말 내내 밤새도록 파티를 벌일 계획을 세우고 있었다.
하지만 그런 거창한 계획이 아니더라도 시험에 대한 압박과 부담감을 덜
었다는 것만으로도 그렇게나 기분이 좋을 수가 없었다.

그리고……

집에 도착하니 학교 측으로부터 이메일이 도착해 있었다.

"학생 여러분 시험 치르느라 수고하셨습니다. 내일은 푹 쉬시고 모레부
터 프로젝트 과목 수업이 시작되오니 그때까지 교재를 전부 다 읽어오세
요. 아참, 그리고 다음 주에 프로젝트 과목의 쪽지시험이 있습니다. 그리
고 그 다음 주에는 첨부 파일로 전송된 39개의 논문을 읽고 내용을 정리
하는 에세이를 제출해 주세요."

 뭐라고!? 아니 과목 끝나갈 무렵에나 시험을 치를 것이지 왜 과목 시작하자마자 시험부터 치르고 난리야! 게다가 시험 끝나자마자 에세이라고? 그냥 나를 죽여라! 죽여!

쉽게 말해 첫 번째 과목에서 Final Paper로 가벼운 글쓰기 연습을 해봤고 두 번째 과목에서 다양한 이론을 놓고 시험 치르는 연습을 해보았으니 이제부터 본격적으로 달려보라는 거다.

입학하기보다 졸업하기가 더 어렵다는 외국 대학들의 실상이 이제서야 이해가 가기 시작하면서 수능시험이 끝남과 동시에 자유를 누리기 시작한다는 우리나라의 대학문화가 얼마나 편안한 것이었는지 생각해보게 되었다.

그나저나 시험 끝난 지 아직 하루도 안 되었는데 다음 과목의 시험을 준비하려면 또 밤새 읽어야겠구나.

휴, 이젠 웃음밖에 나오지 않는다. 하하하하하…….

"지금은 할 만한 거에요. 나중엔 양 많다고 투덜댈 시간도 없을 테니까 그냥 적응하세요. 하하하……"라던 어느 선배의 조언이 문득 스쳐 지나갔다. 이제 겨우 세 번째 과목. 이건 아직 시작일 뿐이로구나.

뭐 시험까지 남은 시간은 10일이나 되고 책은 400페이지밖에 안되네……. 이런 된장 고추장 쌈장.

나는 "고3 때 이렇게 공부했으면 서울대가 아니라 하버드라도 갔을 거야"라는 우스갯소리를 떠올리며 다시 책을 펴들 수밖에 없었다.

Course 3

프로젝트 관리

"

한번은 효과가 뛰어난 두통약을 만들겠다고 덤볐는데
연구 도중에 연구 중이던 물질이 심장을 안정시키는 데 큰 효과가 있다는 것을 알고
연구 주제를 변경해서 심장안정제를 완성시킨 적도 있어요.
한 마디로 말해서 지금 연구하고 있는 것이 나중에 무엇이 될지 아무도 모릅니다.
아예 아무것도 나오지 않을지도 모르지요.

"

Project
Management

●●● "프로젝트 관리는 사실 경영학이라기보다는 컴퓨터 공학에서 파생되어온 과목입니다. 프로젝트는 본업과 동시에 또는 따로 분리되어 한정된 기간 동안 진행되는 특수성을 띤 업무로, 관리하는 방법이나 접근하는 방법 등에서 일반 업무와는 다분히 차이가 있습니다."

자신을 컴퓨터 공학과의 교수이며 IPMA(International Project Management Association)의 스웨덴 총 담당자라고 소개한 여교수가 말했다.

"여러분들은 그동안 두 개의 과목을 진행하면서 서로 협력하고 노력했을 것입니다. 그럼 이제 그동안 협력하고 노력한 결과가 무엇인지 보여주겠습니다. 4명으로 한정된 팀을 자율적으로 정해 이번 주 중으로 학교 측에 제시하시기 바랍니다."

당연히 학교 측에서 팀을 구성해줄 것이라고 기대했던 학생들은 갑자기 우왕좌왕하기 시작했다. 같이 팀을 구성해본 친구들끼리 다시 뭉치려는 학생들도 있었고 같은 나라에서 온 친구들끼리 팀을 구성하는 학생들도 있었으며 오히려 한 번도 팀을 이루어보지 않은 친구들과 팀을 구성하고 싶어하는 학생들도 있었다.

팀을 구성하기 위한 협의가 마무리되어가면서 서로 데려가려고 혈안이 되어 있는 사람도 눈에 띄었고 서로 자기 팀에 넣지 않으려고 기피당하는 사람도 눈에 띄었다. 전의 과목에서 팀이 높은 점수를 획득하는 데 큰 역할을 한 사람은 바로 인기가 급상승했다. 교수가 의미한 것은 바로 이러한 현상이었다. 서로 함께 어울려 다니고 함께 수업을 수강하면서 서로에 대한 정보는 어느 정도 파악이 되고 있는데다 함께 팀 활동을 해보지 않은 학생이라 하더라도 팀에 합류시키기 전에 그 학생이 전의 팀에서 어떻게 활동했는지 얼마든지 알아볼 수 있는 것이다. "헉! 팀 과제 적당히 하려 하다간 바로 왕따되는 거 아냐?" 갑자기 정신이 번쩍 들었다.

헤드헌팅 회사들은 CEO와 같은 고급인력을 영입하고자 할 때 그다지 이력서에 의존하지 않는다. 웬만한 기업들의 HR 부서들은 서로 연락망이 구축되어 있기 때문에, 전화 몇 통이면 전의 직장에서 어떠한 실적들을 올렸고 왜 직장을 그만두게 되었는지 다 알 수 있기 때문이다. 내가 겪은 MBA 과목에서는 실제 사회에서 일어나는 일들을 거의 그대로 재현되고 있었다. 다음 과목이 시작될 때 즈음에 모든 팀에서 거절당해 낙오되는 인원이 되고 싶지 않으면 현재의 팀에서 최선을 다해 성과를 올려야만 하는 것이다. 그 여교수는 과목이 시작되자마자 자신을 돌아보게 만들었다.

나의 경우는 이번 과목이 크리스마스 공휴일과 겹쳐있다는 점을 고려하여 우리 집에서 가까운 곳에 거주하는 사람들을 위주로 팀원을 구성하기로 했다. 또한 전의 과목에서 팀원들의 성격차이 때문에 여러 번 곤란을 겪은 적이 있었기 때문에 팀원들의 성격차이에 신중해야 한다고 생각했다.

> "프로젝트를 구성하는 팀원들은 크게 Motivator(팀에 자극을 주는 사람), Communicator(각 팀원과 소통하는 사람), Friendly(팀원들의 친밀도에 기여하는 사람), Analyzer(냉철하게 팀의 업무를 분석하는 사람) 등으로 분류된다."[7]

---

7) 《Project Management》, Bo Tonnquist, p.86를 참조할 것.

그래서 나는 이번에는 책에서 읽은 이론을 따라보기로 하고 팀원을 다음과 같이 구성했다.

- 나: 전직 시장조사연구원. 아이디어 및 창의성에 집착하는 성향.
- 에릭: 전직 보험회사 고위관리자. 이론과 양식에 매우 집착하는 성향.
- 손: 전직 무역회사 관리자. 옳은 것이나 잘못된 것이나 상관없이 가급적 수용하는 성향.
- 사라: 전직 호텔 관리자. 성과에 상관없이 팀원 간의 친밀도를 중요시하는 성향.

결과는 만족스러웠다. 최고의 팀원들은 아니었기 때문에 최고의 성과를 거둔 것은 아니었지만, 우리 팀의 프로젝트는 이례적으로 별다른 충돌 없이 원만하게 흘러갔다.

Final Paper를 작성할 때 이론에 집착하는 에릭과 아이디어 및 창의성에 집착하는 내가 일단 초벌로 작성한 뒤에 손이 그것을 받아 한데 엮고 사라가 마무리하는 과정을 맡기로 했는데 몇 번쯤 이견이 발생하여 충돌이 생기려 할 때마다 사라가 중간에서 충돌을 완화해주었다. 팀에 Friendly 성격을 가진 사람들이 왜 꼭 필요한지 알 수 있었다.

Risk Management

매일같이 신문에는 유가, 환율, 금융위기, 해킹, 정치, 심지어는 식품까지 사방에 안전을 위협하는 불안요소가 들어있다고 떠들어대고 있다. 기업이 이처럼 다양한 위험을 관리한다는 것은 경영환경이 정말로 급격하게 변화하고 있으며 그 안에서 살아남기 위해 노력한다는 것을 의미한다.

교수는 기업들이 위험관리를 어떻게 하는지 알아보기 위해 실제 프로젝트 매니저로 활동 중인 사람을 물색하여 인터뷰하고 해당 조직이 위험관리를 수행하는 방법을 연구해 보고하라고 주문했다.

과제가 발표되자, 다들 인터뷰 대상을 구하기 위해 여기저기로 뛰어다니는 모습을 볼 수 있었다. 하지만 다른 팀들과는 달리 우리 팀은 위험관리를 적용하고 있는 다양한 기업들을 인터뷰하여 비교하기를 원했고, 팀원들의 인맥을 모두 끌어들인 결과, 다음과 같은 인터뷰 대상자들을 확보할 수 있었다.

1. 유럽계 비정부조직 (규모: 소규모)

2. 일본계 무역회사 (규모: 중견기업)

3. 대만계 OEM 전자회사 (규모: 대기업)

4. 한국계 전자회사 (규모: 글로벌기업)

그리고 그 결과, 흥미로운 사실을 발견하게 되었는데, 각각의 기업이 프로젝트를 진행하는 방법이나 위험관리방법이 모두 다르다는 것이다.

비교적 작은 규모의 유럽계 비정부조직의 경우, 비영리조직이라는 특징 때문에 ROI 분석과 위험관리에 대해 상대적으로 소홀한 것으로 나타났다. 인터뷰 결과를 보면 팀에서 수행하는 프로젝트는 대부분 정치적 또는 공공의 목적을 가지고 있는 경우가 대부분이고, 따라서 경제적 타당성이 없더라도 막대한 예산을 들여 프로젝트를 수행한다는 것이다. 또한 프로젝트 매니저의 권한과 책임이 상대적으로 막강하고 프로젝트가 발생했을 때 일상업무가 지연되거나 다른 직원에게 넘어가는 것을 확인할 수 있었다.

두 번째로 인터뷰를 시도한 일본계 중견 기업의 경우에는 다음의 세 가지 단계를 이용하여 대부분의 위험을 관리한다고 응답했다.

1. 현상 파악
2. 문제점 발견
3. 해결책 제시

내가 교과서에서 제시하는 위험관리 방법론과 그다지 맞아떨어지지 않는다고 말하자, 응답자는 "교과서나 학교에서 제시하는 거창하고 세밀한 이론들은 대부분 사실 학교 내에서 논문을 위한 이론일 뿐이거나 신입사원 교육용으로만 유용하며 실제 프로젝트에 위험이 닥쳤을 때는 대부분의 이론이 상황과 맞아떨어지지 않는다. 따라서 위험이 발생했을 때 프로젝트 매니저가 수행해야 할 일은 기본적으로 딱 두 가지뿐인데, 1.

상사에게 보고 2. 지시된 해결책 수행이다"라고 응답했다.

아무래도 이러한 응답이 나온 것은 일본계 기업의 경우 대부분이 전형적인 수직 명령하달 구조로 되어 있기 때문으로 생각된다. 또한 상사의 명령에 의해 모든 것이 결정되는 구조이다 보니, 프로젝트 매니저가 되었다고 하더라도 큰 영향력을 발휘할 수 없다고 응답했다. 심지어 인터뷰 대상자는 이 때문에 일부러 프로젝트 팀원들을 구성할 때 실력을 무시하고 고위급 간부들로 구성했다고 한다. 또한 일상업무에 의해 프로젝트가 지연되는 편이며, 응답자의 경우 심지어는 자기의 개인 시간을 쪼개 프로젝트를 수행하고 있다고 응답했다.

세 번째로 인터뷰를 시도한 대만계 OEM 대기업의 경우 위험관리를 위해 위험관리부서를 따로 두고 있었는데, 이 부서에서는 다른 업무는 수행하지 않고 오직 모든 부서에서 진행되는 업무를 감시하며 발생할 수 있는 위험을 미리 차단하거나 감소시키는 역할을 하고 있었다. 위험관리부서의 응답자는 OEM 기업의 특징상 중요하게 취급되는 납품일이라든지 환율변동 심지어는 직원들의 건강까지도 중요한 위험관리 변수라고 응답했다.

실제 사례를 제공해 줄 수 있느냐는 물음에 응답자는 "지난 2009년 멕시코에서 H1N1 바이러스가 발생했을 때, 위험관리부서에서는 멕시코 인근의 모든 공장의 문을 바로 닫도록 지시했고 이는 정부의 발표보다도 5일이나 빠른 조치였다. 때문에 멕시코 및 미국 공장 직원들의 H1N1 감염을 최소화할 수 있었다"라고 응답했다.

네 번째로 인터뷰를 시도한 국내 대기업의 응답자는 가장 먼저 대만계 OEM 기업이 수행하고 있는 위험관리방법은 오래된 방법이며 국내 대기업의 경우 이미 수년 전에 위험관리에 대한 인식이 전환되었다고 응답했다. 국내의 많은 기업도 과거에는 위험관리를 따로 분리했으나 지금은 오히려 일반 부서에서 위험관리를 처리하고 있으며 이는 발생한 위험을 기회로 전환하기 위한 전략적 조치라고 했다.

"지난 2009년 외환위기 때 우리는 하도급 기업들에게 약 2천만 달러에 달하는 돈을 지급해야 했었습니다. 그런데 환율이 두 배로 뛴 것을 감안하면 우리 입장에서는 손실이 엄청나게 발생하게 된 거죠. 고민 끝에 우리는 우리가 돈을 받아야 할 기업들로부터 자금의 회수를 서두르기 시작했고, 보유 중이던 달러를 사용하기 시작했어요. 거기에 정부에서 제공하는 통화스와프 등을 이용했더니 환율이 안정될 즈음에 계산해보았더니 오히려 환율차이로 인해 7만 달러의 수익이 추가로 발생했더군요."

기업마다 위험과 위기에 대처하는 자세가 다르다.

그중에서도 가장 인상적이었던 점은 네 번째 응답자가 남긴 말이었다. 위기를 위기로 받아들이지 않고 기회로 받아들이는 자세는 배울 점이 많다고 생각한다. 재미있는 점은 때때로 고의로 위기를 만들어내기도 했다는 사실이었는데, 위기를 적극적으로 이용하여 그에 따른 효과를 이용하고자 함이었다고 한다.

"몇 년 전쯤 우리는 직원들의 근무태도가 나태해지고 있다는 것을 발견하게 되었어요. 직원들의 전반적인 분위기는 곧바로 수익성으로 연결되기 때문에 우리는 긴장감을 조성할 필요가 있다고 판단하여 고의로 재정적자를 만들어냈고 회사 전체에 위기의식을 고조시킬 수 있었지요."

1. 위기와 기회의 차이는 무엇일까요?

2. 위기를 기회로 바꾸는 건 말이야 쉽지만, 현실에서는 매우 어렵습니다. 위기를 기회로 바꾸려면 무엇이 필요할까요?

3. 인터뷰에 응한 4개의 기업들은 각자 처한 상황에 따라 다르게 위기대응을 해 왔습니다. 각각의 기업들에게 조언을 해본다면 무어라고 하시겠습니까?

Company game

사람들은 매일같이 사무실에 앉아 일을 한다. 그런데 그중 대부분은 자신이 하는 일이 왜 필요한지 또는 자신이 만들어낸 데이터가 어떻게 사용되는지 잘 모르는 경우가 많다. 그냥 자신의 업무가 그것이니까 하고 있는 식이다.

그 원인은 무엇일까? 그리고 누구를 탓해야 할까?

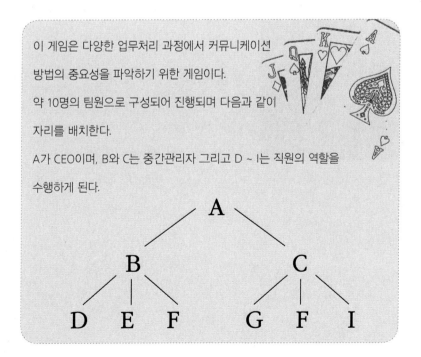

이 게임은 다양한 업무처리 과정에서 커뮤니케이션 방법의 중요성을 파악하기 위한 게임이다.

약 10명의 팀원으로 구성되어 진행되며 다음과 같이 자리를 배치한다.

A가 CEO이며, B와 C는 중간관리자 그리고 D ~ I는 직원의 역할을 수행하게 된다.

- 모든 사람들은 자신의 역할(CEO, 중간관리자, 직원)을 알고 있다.

- 모든 사람들은 무슨 일이 발생하고 있는지 전혀 알지 못한다.

- 각 팀원은 자신과 직선으로 연결된 사람과만 커뮤니케이션이 가능하다.

- 각 팀원은 문서로만 커뮤니케이션이 가능하며 소리내어 말을 할 수 없다.

게임 시작 전, 진행자는 포커카드를 잘 섞어 각 팀원에게 5장씩 나누어준다.

- 각 팀원은 최대 5장의 카드를 보유할 수 있으며 한 장을 다른 사람에게 건네주면 다른 사람으로부터 1장을 받아서 항상 5장을 유지해야 한다.

게임의 목표: 상호 원활한 커뮤니케이션을 통해 상사로부터 지시받은 업무를 빠르게 처리한다.

게임방식:

[CEO 전성시대]

- 게임 진행자가 서면으로 기업 CEO (A)에게 다음과 같이 업무를 부여한다.
"모든 팀원이 4장 이상 같은 모양 (♠, ♣, ♥) 카드를 수집합니다. 제한시간 15분."

- 명령을 전달받은 CEO(A)는 중간관리자 (B, C)에게 서면(쪽지)을 통해 명령을 전달한다

- B, C는 다시 자신의 하위 직원들에게 명령을 전달하는 방식으로 진행한다.

- 약 10분 경과 후, 게임 진행자는 게임진행이 더딘 팀에서 어떠한 문제가 발생하고 있는지 확인한다.

[프로젝트 매니저 난입]

● 약 5분 경과 후, 게임 진행자는 중간에 프로젝트 매니저를 투입한다.

● 프로젝트 매니저는 B, C와 동급으로 모든 팀원과 서면으로 의사소통이 가능하다. 하지만 다른 팀원들은 프로젝트 매니저의 출현에 대해 미리 통지받지는 않는다.

● 게임 진행자는 프로젝트 매니저와 CEO에게 동시에 별개의 업무를 부여한다.

● 프로젝트 매니저: "D, E, F는 모두 검은색 카드만 가지고 있어야 합니다. G, H, I는 빨간색 카드만 가지고 있어야 합니다. 제한시간 15분."

● CEO: "모든 팀원이 최소한 3장 이상 같은 숫자의 카드를 가지고 있어야 합니다. 제한시간 15분."

● 또다시 15분이 흐르면, 게임 진행자는 각 팀의 중간관리자 및 CEO를 바꾸거나 게임의 룰을 바꾼 뒤, 계속 진행한다.

● 위 과정을 약 5회 반복한다.

● 5회의 반복과정을 마친 뒤 팀원들은 결과를 비교해본다.

게임이 시작되고 어느 정도 시간이 흐르자 고위관리자(CEO)로 임명된 사람은 자신이 업무를 총괄하면서 하위 직원을 관리해야 한다는 생각에 사로잡혀 있는데다, 제한 시간 내에 업무를 마쳐야 한다는 생각에 하위 직원들을 다그치기 시작했다. 그는 B 관리자가 속한 팀이 처리해야 할 일과 C 관리자가 속한 팀이 처리해야 할 일을 분배하여 전달했고 중간관리자(B, C)의 경우, 업무내용을 파악하자마자 그것을 다시 하위 팀원들에게 업무를 분배했다. 또한 그들은 양쪽에서 상당히 많은 양의 정보가 오가기 때문에 실시간으로 오가는 업무의 처리만으로도 벅차다고 느끼기 시작했다. 직원들 (D~I)은 중간에 프로젝트 매니저가 업무를 지시하기 시작하자, 그 업무가 누구로부터 전달되는 업무인지 알지 못했고 다양한 업무가 동시에 발생하는 상황에 대해 혼란스러워하기 시작했다.

업무처리에 드는 제한시간이 15분이었음에도 불구하고 대부분의 팀에서 직원들이 자신이 해야 할 업무의 내용을 파악하기까지 소요된 시간이 평균 20여 분이 지난 시점이었다. 다시 말하자면 CEO나 중간관리자 중의 한 사람 또는 모두가 업무의 내용과 목적을 제대로 공개하지 않고 업무를 분배하기 바빴다는 이야기가 된다. 따라서 하위 팀원들의 경우 많은 양의 업무를 처리하면서도 도대체 자신이 무슨 일을 하고 있는지 알지 못하는 상황이 발생하고 있었다.

중간에 프로젝트 매니저가 게임에 끼어들었을 때, 팀원들은 "도대체 너는 또 누구냐?"라는 표정을 지었지만, 게임의 규칙상 말을 할 수 없어 답답해했다. 가장 재미있었던 것은 팀원들 중 어느 누구도 게임진행에 제한시간이 있었다는 사실을 몰랐다는 것이다.

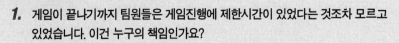

1. 게임이 끝나기까지 팀원들은 게임진행에 제한시간이 있었다는 것조차 모르고
있었습니다. 이건 누구의 책임인가요?

2. 이런 내용의 게임을 제대로 하려면 누가 어떻게 해야 했을까요?

3. 조직 내에서의 커뮤니케이션은 어떤 의미를 가지고 있을까요?

4. 일반적으로 조직 내에서 모든 업무와 관리책임은 상위 관리자에게 몰리곤 합
니다. 그래서 상위 관리자만 바쁜 것이 현실이죠. 어떻게 하면 업무를 좀 더 효
율적으로 분배할 수 있을까요?

제 이름은 Lund입니다. 저는 한때 스웨덴의 통신기업 에릭슨에서 연구를 진행한 적이 있었습니다. 에릭슨은 그때까지만 해도 선두기업이었어요. 그런데 우리 사장이 어느 날 갑자기 일본에 다녀오더니, 일본시장에 진출해야겠다고 그러는 겁니다. 우리는 이미 일본에 지사가 있는데 말이에요. 그래서 무슨 말이냐고 물었죠. 그랬더니 사장이 하는 말이 일본의 소니와 합작으로 일본 전역에 휴대전화용 무선통신망을 구축한다는 겁니다. 우리는 이미 그 기술을 스웨덴에 성공적으로 안착시켰기 때문에 기술적으로 문제될 건 없었어요. 그런데 그걸 반년 내에 끝내라는 게 말이나 되는 소립니까? 장비를 운반해서 일본에 세팅하는 데만도 1년은 더 걸릴 거예요. 게다가 일본지역에 맞게 변형해야 하는데 그건 수년은 잡아야 해요.

저는 이 학교 의대가 주도하는 신약개발 프로젝트의 담당자 Lars입니다. 1년 365일 중 365일을 실험실에서 살죠. 며칠 전에 간만에 집에 들어갔더니 3살 짜리 우리 딸이 저보고 누구냐고 물어요. 하하하. 와이프가 옆에 있지 않았다면 아동 납치범으로 몰릴 뻔했어요. 신약개발 연구원으로 사는 것이 그렇게 녹록지는 않습니다. 하시만 반대로 보면 신약 하나를 개발하는 데 보통 10년 정도 걸리니까 일단은 잘릴 걱정은 안 해도 되죠, 뭐. 그래도 월급은 착실하게 가져다주고는 있습니다만, 그래봐야 쥐꼬리 월급입니다. 왜 사냐구요? 재밌잖아요. 혹시 알아요? 내가 에이즈나 암을 치료할 획기적인 신약을 개발하게 될지?

1. 신규시장개발프로젝트와 신약개발프로젝트는 성격이 어떻게 다를까요?

2. 성과를 정해놓고 연구하는 우리나라의 의학계는 Lars의 상황과 조금 다를 수 있습니다. 의학 연구프로젝트를 Lund의 사례와 같이 운영한다면 어떤 장점과 단점이 있을까요?

신약개발과 같은 연구목적 프로젝트의 경우, 반년 안에 모든 것을 끝내라고 재촉했던 에릭슨과는 달리 일반적으로 10년까지도 바라보는 장기 프로젝트이다. 사례를 제공하기 위해 우리 교실을 방문한 두 프로젝트 매니저는 기본적으로 성향부터가 사뭇 다른 것 같았다. 무엇보다도 신약개발 담당자의 경우 자신의 직업을 놀이로 생각하는 듯한 느낌이 들었다. "따로 여가는 없습니다. 일이 바쁘다기보다는 뭐랄까…… 기대했던 실험결과가 나오면 온몸이 짜릿해지면서 그동안 쌓여왔던 스트레스가 한방에 다 날아가 버리거든요."

연구를 진행하는 방향이 자신이 흥미를 느끼는 쪽으로 자유롭게 선택할 수 있는데다 연구에 대한 성과를 연구자 본인이 획득하기 때문이다. 열심히 일하면 열심히 하는 만큼 더 많은 결실을 획득할 수 있다는 기대감이 작용한 결과일 것이다.

모든 사람들이 Lars처럼 자신의 직업을 놀이로 여길 수 있다면 아마도 직장생활이 훨씬 수월해질지도 모르겠다는 생각도 들었다.

학생 중 누군가가 질문했다.

"직원들의 관리는 어떻게 이루어지나요? 직원들이 실수를 한다거나 했을 때 어떻게 조치를 하시는지 궁금합니다."

"우리 프로젝트에서는 실수하고 있을 시간이 없어요. 주어진 시간 안에 업무를 마치지 못하면 경제적 손실이 엄청나므로 프로젝트 연구원의 실수를 용납하지 않습니다."

에릭슨 프로젝트 담당자 Lund는 짧은 일정 때문에 하루하루가 긴장의 연속이었고 작은 실수에도 민감하게 반응할 수밖에 없었다고 응답했고, Lars는 신약개발 프로젝트에서는 오히려 반대로 실수를 독려하는 편이라고 말했다.

"연구원들이 프로젝트를 진행하다가 종종 실수를 범하기도 하는데요. 때로는 이러한 실수 때문에 원하던 결과 이상의 뛰어난 연구성과가 발생하기도 합니다."

따라서 실수를 저지르는 것에 대해 책임을 묻거나 하는 일이 적은 편이다. 하지만 이러한 현상을 반대로 살펴본다면, 연구원들에 대한 보상문제가 모호할 수 있다는 생각도 들었다. 실수에 의해 우연히 뛰어난 연구성과가 나오게 된다면 결국 누가 연구에 큰 업적을 만들어낸 것인지 명확히 하기가 어렵기 때문이다. 그 때문인지, 프로젝트가 시작하기 전에 '언제까지 무엇을 개발한다'라는 식의 분명한 목표가 존재하지 않는다고 한다. "한번은 효과가 뛰어난 두통약을 만들겠다고 덤볐는데 연구 도중에 연구 중이던 물질이 심장을 안정시키는 데 큰 효과가 있다는 것을 알고 연구 주제를 변경해서 심장안정제를 완성시킨 적도 있어요. 한 마디로 말해서 지금 연구하고 있는 것이 나중에 무엇이 될지 아무도 모릅니다. 아예 아무것도 나오지 않을지도 모르지요."

다시 Lund가 말했다. "우리 프로젝트에서는 꿈도 못 꿀 일이로군요. 하하, 많이 다르네요. 우리 프로젝트의 경우 이미 기술을 보유하고 있는 것을 새로운 곳에 적용하는 업무이기 때문에 정확한 종료날짜가 존재합니다. 모든 기술자들이 같은 목표를 공유하고 있지요. 그러다 보니 개인의 취향과 업무가 별개로 돌아가는 문제가 발생하기도 합니다. 흥미가 떨어지는 분야의 업무를 하고 있다 보면 지루해지기는 하겠지요. 그건 아마도 보상문제로 풀어야 할 것 같군요."

Course 4

마케팅

"

해마다 기업들이 마케팅에 천문학적인 금액을 소진하고 있어.
하지만 여기에서 문제점은 고객들은 일반 정보가 아닌 광고성 정보에 대해 불편함을
느낄 뿐 아니라 오히려 듣지 않으려 하는 경향이 있다는 것이지.
따라서 광고를 이용한 마케팅은 고비용-저효율 구조인 마케팅 기법인 셈이야.
나는 방금 어느 회사의 직원이 저에게 제공한 서비스에 대해 말했어.
여러분이 이 회사의 주인이라면 나를 고객으로 끌어들이기 위해
어떤 마케팅 기법을 세워야 할 것 같나?

"

Marketing

●●● 마케팅수업을 담당하는 교수는 생김새도 꽤 까탈스러워 보였다. 지난주 어느 회사의 직원이 자신에게 고객 서비스를 제공하는 도중에 실수를 저질렀는데 그걸 제대로 수습하지 못해서 그 직원과 싸웠다는 내용의 여담으로 마케팅 첫 수업 시간의 4분의 1을 흘려보낸 것이 그다지 마음에 들지 않았다.

"그 직원도 저 까탈스러워 보이는 교수를 상대하느라 애 좀 먹었겠구먼. 근데 저 이야기가 마케팅이랑 무슨 상관이람?"이라는 생각을 하며 우두커니 앉아있는데 갑자기 교수가 물었다.

"마케팅을 위해 기업들이 돈을 얼마나 쓰고 있을까?"

나는 얼른 노트북으로 '광고비'를 검색해보았다.

그랬더니 약간 오래되었지만 신뢰성 있어 보이는 신문기사를 바로 발견할 수 있었다.

2007년 9월 한 달 동안 주요 기업들이 사용한 방송광고비는 다음과 같다.

SK텔레콤 9,278,624,000

삼성전자 8,077,069,000

KT 5,808,539,000

KTF 4,822,417,000

SK에너지 3,509,872,000

SK텔레콤이 2007년 9월에 TV 광고에만 90억을 매달 사용했으니까…… 1년 12개월이라고 치면 대충 1천억이 넘을 테고, 라디오, 신문, 잡지 등등 전부 하면 적어도 2~3천억 원을 매년 사용하겠구나……. 호오~ 꽤 엄청난 금액이 광고비로 사용되는걸?

그 교수는 말을 이었다.

"해마다 기업들이 마케팅에 천문학적인 금액을 소진하고 있어. 하지만 여기에서 문제점은 고객들은 일반 정보가 아닌 광고성 정보에 대해 불편함을 느낄 뿐 아니라 오히려 듣지 않으려 하는 경향이 있다는 것이지. 따라서 광고를 이용한 마케팅은 고비용-저효율 구조인 마케팅 기법인 셈이야. 나는 방금 어느 회사의 직원이 저에게 제공한 서비스에 대해 말했어. 여러분이 이 회사의 주인이라면 나를 고객으로 끌어들이기 위해 어떤 마케팅 기법을 세워야 할 것 같나?"

"음~ 좀 극단적인 대답이긴 하지만 아무래도 그 회사의 경우는 마케팅을 하는 것이 의미가 없을 것 같습니다."

"왜 그렇게 생각하지?"

"교수님의 경험이 모두 사실이라면 그 회사는 고객서비스가 엉망이기 때문에 비싼 광고비를 들여서 광고를 한다고 해도 제대로 효과가 발생하지 않을 뿐 아니라 오히려 신뢰를 떨어뜨림으로써 고객을 더 잃게 만들 수 있습니다."

"그래. 광고비를 많이 쓰고도 고객서비스에 소홀하다면 오히려 역효과가 나기 마련이야. 반대로 말하면 고객에 대한 우수한 서비스는 곧바로 광고효과가 될 수 있다는 이야기가 되겠지."

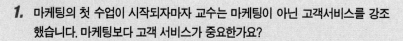

1. 마케팅의 첫 수업이 시작되자마자 교수는 마케팅이 아닌 고객서비스를 강조했습니다. 마케팅보다 고객 서비스가 중요한가요?

2. 그렇다면 좋은 고객서비스를 만들어 내려면 어떻게 해야 할까요?

3. 좋은 고객서비스를 가졌지만, 그냥 서비스만으로 끝나는 경우도 많이 있습니다. 좋은 고객서비스를 광고효과로 연결하려면 어떻게 해야 할까요?

내부 마케팅
(Internal Marketing)

Colin Mitchell이라는 학자는 논문 〈Selling the brand inside〉에서 마케팅에는 내부 마케팅과 외부 마케팅이 있으며 두 가지의 마케팅을 모두 중요한 요소로 고려해야 한다고 강조했다.

그중에서도 내부 마케팅은 회사 내의 직원들을 대상으로 한 마케팅으로 기본적으로 직원들의 사기를 진작시키고 근무 만족도를 향상하며 직원들이 회사의 장기적인 비전을 이해하도록 돕고자 하는 데 주요 목적이 있다.

직원들의 업무만족도는 고객서비스 및 제품의 품질로 직접 연결된다는 점에서 큰 의미가 있다. 특히 기업의 비전과 핵심역량을 직원들이 공유하지 않은 채 운영되는 기업이 더러 있는데, 이 경우 경영진이 추진하는 사업들이 제대로 시행되지 않을 수 있다는 점에서 잠재적인 문제점을 발생시킬 수 있다.

실제로 많은 기업에서 내부 마케팅에 대해 무관심하거나 전통적인 기업문화를 따르다 보니 오히려 직원들의 사기를 꺾는 경우가 발생하곤 한다.

예를 들면, 서양문화를 따르는 기업들은 지나치게 성과 위주로 운영되거나 직원들이 자신의 개인 업무를 회사업무보다 우선시하는 문제가 있다. 또한 지나친 '개인주의'로 인해 동료들이 어떠한 어려움을 가졌는지에 대해 무관심한 경우가 많다.

반면 한국기업들의 경우, 부하직원은 할 일이 끝나도 상사가 퇴근하기 전에는 퇴근하지 못하는 등 규율과 제도에 얽매여 있고 또한 부하직원이 이루어 놓은 성과가 상사의 이름으로 보고되는가 하면 직원들이 회사생활에 성과보다는 상사와의 친분이 중요한 것으로 인식하는 경우가 많아, 내부 마케팅의 정착이 쉽지 않은 듯하다.

마케팅수업의 케이스 스터디로 제시된 ZAPPOS.COM은 미국의 신발 쇼핑몰업체로 내부 마케팅을 성공적으로 정착시킨 대표적인 케이스로 꼽힌다. 케이스스터디를 통해 처음 접한 Zappos의 서비스는 좀 유별난 듯 싶었다. 우선 직원 대부분이 고객상담원이다. 마케팅전문가나 전략기획실은 존재하지 않는다. 대신 고객상담원들이 마케팅과 전략을 구축하기 위해 고민한다.

Zappos는 물건을 구입 시 배송비와 교환에 들어가는 비용까지 전액 무료로 제공하며 고객이 찾는 물건이 없을 경우 상담원이 다른 경쟁사의 쇼핑몰까지 검색하여 원하는 신발을 찾아 연결해준다. 더욱이 전화를 빨리 끊고 다음 전화를 받아야 하는 일반회사와는 달리 고객의 전화를 가급적 오래 받으려 한다는 것이다. 때문에 Zappos에서는 고객으로부터 걸려온 전화에 응대하는 시간이 평균적으로 10분 이상이라고 한다.

'뭐야, 이건? 아예 돈 벌겠다는 생각이 없는 거잖아. 이런 식으로 운영해서 마진이 남기는 하나? 금방 망하는 거 아냐?'

하지만 나의 걱정과는 달리 Zappos는 2009년 1월 미국 《포춘(Fortune)》이

선정한 100대 일하고 싶은 기업 23위에 랭크될 정도로 인지도가 높은 회사였다. Zappos가 성공적으로 인지도를 구축한 것에는 Zappos만이 가지고 있는 독특한 십계명(?)이 크게 한몫했다. 그 십계명은 서비스 중심의 문화를 만들어가기 위한 Zappos만의 핵심가치를 충분히 담고 있었다.

Zappos가 제시한 서비스 중심 문화를 만들기 위한 핵심가치는 다음과 같다.

1. Deliver 'WOW' through service.-'와우!'라고 감탄할만한 정성을 베풀어라.

2. Embrace and drive change-변화를 독려하고 주도하라.

3. Create fun and a little weirdness.-재미와 약간의 엽기성을 보여라.

4. Be adventurous, creative, and open-minded-모험적이고 창조적이고 열린 마음을 가져라.

5. Pursue growth and learning-성장하고 배우는 것을 강조하라.

6. Build open and honest relationship with communication-개방적이고 정직한 관계를 만들어라

7. Build a positive team and family spirit-긍정적인 팀 그리고 가족정신을 만들어라

8. Do more with less - 적은 것으로 더 많이 하라.

9. Be passionate and determined-열정적이며 단호한 사람이 되라.

10. Be humble - 겸손하라.

Zappos는 이 십계명을 다른 모든 것에 우선하는 핵심가치로 선정하고 모든 직원들이 지킬 것을 권고하고 있다. 나는 '와우! 서비스라니 재미있네. 고객서비스에 최선을 다하라는 말인가?'라는 생각이 들었지만 정작 흥미로운 사실은 따로 있었다. Zappos가 제공하는 와우! 서비스의 최우선 대상자는 고객이 아닌 주변 동료들이었다. 동료들에게 하루에 한 번씩 "와우!"라고 감탄할 만한 무언가를 제공하라는 것이다. 그것이 간식을 나누는 방법이 될 수도 있고 한 마디의 칭찬이 될 수도 있으며 따뜻하게 한 번 안아주는 것이 될 수도 있다. 이것은 7번째 가치인 '가족정신'과도 일치한다. 업무상 알게 된 동료들이지만 모두 한 가족이라는 것이다. 그것은 Zappos의 두 번째, 세 번째 핵심가치를 실현하기 위한 밑거름이 된다. Zappos의 직원들은 새로운 가능성을 시험해보는 일에 매우 적극적이다. '그것이 말이 되건 안되건 일단 시도해본 뒤에 판단하자!'라는 사고방식을 가지고 있다. 새로운 방식의 서비스를 개발하는 일도, 신제품을 구상하는 일도 모두 고객상담 직원들이 해내고 있다.

내부 마케팅을 진행하면 직원들의 업무만족도와 충성도가 개선된다. 이것은 곧바로 고객서비스의 개선으로 이어지며, 따라서 브랜드가치가 향상된다. 그것이 콜린이 주장한 내부 마케팅의 핵심이었다. 그러면 이런 내부 마케팅이 어떻게 외부 마케팅으로 이어지게 될까?

고객들은 스토리텔링에 끌리는 경향이 있다. 지난 2009년도에 드라마 〈커피프린스〉가 인기를 끌면서 커피 판매율이 약 30% 증가했다고 한다. 커피 프린스의 스토리에 흥미를 느낀 시청자들이 카페로 발길을 돌린 것이다. Zappos 또한 이러한 방법을 적극적으로 사용했다. 내부 마케팅의 결과로 직원들이 서로 독려하고 응원하는 분위기가 만들어지자, Zappos

는 사무실에서 일어나는 의아한(?) 행위들을 영상으로 담아 Youtube나 트위터 등에 그대로 공개했다. 상상해보라. 아무런 의미 없이 Zappos를 이용하던 고객이 우연히 인터넷에서 Zappos직원들이 사무실에서 간식거리를 서로 나누고 감사의 말을 나누는 등의 훈훈한 내용이 담겨있는 영상을 발견했을 때, 직원들이 매일같이 사무실에서 벌이는 엽기적인 행각들이 담긴 영상을 접했을 때, Zappos에 대해 어떠한 감정을 가지게 되겠는가? Zappos의 고객들은 Zappos의 상담원과 깊은 친밀감을 유지하고 있다. 심지어는 트위터를 이용하여 고객들은 동영상에서 만났던 직원들과 직접 인사를 주고받기도 한다. 이와 함께 Zappos가 일하기 좋은 직장 23위에 랭크되면서 Zappos 직원들의 동영상의 조회 수도 함께 올라가기 시작했다. 직원들의 생활이 바로 광고가 되는 것이다.[8]

최근에는 우리나라에서도 비슷한 사례가 발견되고 있다. 다음은 경기도의 한 중소기업에서 포스팅한 직원채용 공고이다.

그리고 직원들 뼈(Bone)를 생각해서 아침마다 신선한 우유를 제공합니다. 혹시 뼈가 안 좋으신 분은 제 것까지 드셔도 됩니다. 전 뼈가 튼튼하니까요~ 출퇴근 시간은 아침 8시 30분부터 저녁 6시 칼 (knife) 퇴근입니다. 가끔~ 아주 가끔씩 밀린 업무로 인해 야근을 할 때도 있습니다. 하지만 걱정하지 마세요. 부장님도 함께 남아서 야근을 할 것이며, 맛있는 야식(깐풍기)도 제공합니다. 그리고 여름이 오기 전 전체 워크샵을 떠납니다. 작년에는 동강에 가서 리프팅을 했는데 추워서 얼어 죽는 줄 알았습니다. 아마도 올해는 따뜻한 날에 갈

---

8) Zappos.com: Focus on Customer Service, ICMR Center for Management Researh를 참조할 것.

것 같습니다. 그리고 월마다 생일인 사람을 축하하기 위해서 전체직원들에게 만 원씩 회비를 거둬서 생일선물을 드립니다. 받고 싶은 선물이 있으시면 "저 OO 받고 싶어요"라고 담당자에게 쪽지로 보내주세요. 어떤 분은 "애인이 필요해요"라고 했다가 한 달 동안 갈굼을 당한 사례도 있으니 되도록이면 그런 요구는 삼가해 주시기 바랍니다.

제출서류: 이력서와 자기소개서(사진이 없으면 못생긴 걸로 알겠음, 잘났다고 해서 가산점은 없음)

-(주) 사람과 물류 채용정보 中

이 회사는 구인광고가 취업사이트 인크루트를 통해 게시되자마자, "우와~ 정말 일해보고 싶은 회사네요", "OO 기업 인사담당자인데요. 지금 우리 회사 직원들이 사표 내고 지원한다고 난리입니다. 좀 말려주세요"라는 등의 댓글에 시달려야 했다. 이 기업은 이 광고를 통해서 유래에 없이 많은 지원자가 몰렸다고 한다. 게다가 이 광고를 통해 모집된 직원들이 회사생활에 더 쉽게 적응하는 모습도 확인했다고 하니 중소기업의 채용광고로서는 정말 획기적인 역할을 해냈다고 할 수 있다.

1. Zappos가 한 것과 유사한 사례를 더 찾아보세요.

2. 반대로 내부 마케팅을 아무리 잘해도 매출이 오르지 않는 기업도 있을까요?
있다면 왜 그런 것일까요?

미래의 마케팅 기법은
어떻게 달라질까요?

현재 경영학과에서 공부하고 있는 일반적인 마케팅은 약 20년 전에 미국마케팅협회(American Marketing Association, AMA)가 정의한 것인데 '제품과 잠재적 고객'이라고 설명하고 있으며, 4P(Product, Price, Place, Promotion)를 중요시하고 있다.

그런데 그 AMA 측에서 지난 2008년, 마케팅에 대한 정의를 바꾸었다. AMA가 약 20년 만에 새롭게 제시한 새로운 마케팅 정의는 다음과 같다.

"Marketing is a process."

다시 말해, '마케팅은 마케팅부서에서 전담해야 할 독립된 과목이 아니라 전사적으로 처리되어야 할 회사 전체 프로세스'라는 것이다. 이것은 '마케팅=광고'라고 생각해 온 기존의 시각에서의 탈피를 의미한다. AMA 측에서는 "회사의 전략으로부터 제품의 기획, 생산, 품질관리, 광고, 판매, 사후서비스에 이르기까지 회사가 수행하는 전체 프로세스가 곧 마케팅이다"라고 주장했다.

이에 따라 학자들도 기업들의 마케팅부서의 역할이 변화됨에 따라 마케팅부서가 점차 사라지게 될 것이라고 강조하고 있다. 이렇게 되면 앞으로 마케터들의 역할이 단순 광고가 아닌 전반적인 관리, 혁신으로 변화되어야 한다. 또한 마케터들이 사내에 끼치는 영향력이 회사 전반에 걸쳐 두드러지게 나타나게 될 것으로 보인다.[9]

마케팅 자체에 대한 인식이 뚜렷하게 변했다는 것이 흥미로웠던 나는 교수님께 이렇게 질문했다.

"지금의 마케팅이 프로세스라고 하셨는데요. 그러면 프로세스 마케팅의 다음 시대에는 어떤 마케팅이 오게 될까요?"

이 질문에 대한 교수님의 대답은 간단하지만 분명했다.

"아마 한동안은 이 프로세스 마케팅의 시각이 지배적일 테지. 하지만 같은 프로세스 마케팅이라고 하더라도 기업 내에서 각각의 구성요소(부서)들의 역할은 많이 달라질 거라고 생각되는군. 그리고 그중에서도 IT를 기반으로 고객의 역할이 더욱 강화될 것으로 생각하네."

"정확히 어떤 변화를 말씀하시는지 잘 모르겠습니다. 혹시 예를 들어 주실 수 있으십니까?"

"영업부서(Sales)라고 하면 전통적으로는 물건을 팔아치우는 사람들을 가리켰지. 하지만 지금은 고객과 소통하며 제품을 고객에 맞추어 개발을 주도하는 역할에 가깝지. 그러면 영업부서를 판매업이라고 보아야 하겠나? 아니면 연구/개발부서라고 보아야 하겠나? 앞으로는 영업부서에서는 어떤 일을 하게 될 것 같지?"

"아하! 애플이 앱스토어를 운영하고는 있지만, 실제 프로그램을 개발하고 판매하는 사람은 고객입니다. 따라서 애플은 일방적인 공급자라기보

---

9) Understanding Marketing Department's Influence within the Firm, Journal of Marketing, 2008을
    참고할 것.

다는 중간역할을 하는 서비스제공자라고 볼 수 있습니다. 이러한 현상도 그러한 변화의 일부라고 볼 수 있겠군요."

"그렇지. 과거에는 구매자라고 여겼던 고객의 역할이 판매자가 된 것이지. 또는 제품개발에 고객의 의견을 반영되면서 역할이 바뀌기도 했지. 다른 산업에서도 이와 같은 현상이 일어나지 않겠는가?"

생각해봅시다

1. 제조업은 전통적으로 [생산자 → 소비자]의 일방적 소비구조로 이루어져 있습니다. 제조업에서의 고객의 역할이 강화되면 미래의 산업은 어떻게 바뀌게 될까요?

세계적인 대기업들은
어떻게 그들만의 확고한 브랜드를
구축한 것일까?

"저자가 나이키를 정말 끔찍이도 싫어하지?"

수업 도중에 《No Loge(브랜드파워의 비밀)》라는 책을 소개하면서 교수가 농담을 던졌다.

《No Loge》라는 책은 Naomi Klein이라는 저자가 수년간 기업들의 마케팅전략을 연구한 끝에 집필한 책으로 나이키를 비롯하여 코카콜라, 스타벅스 등 세계적으로 유명한 기업들이 브랜드를 구축하기 위해 어떤 전략과 전술을 사용하는지 적나라하게 드러나 있다. 그래서 나이키 측에서는 이 책이 출간되는 것을 저지하고자 시도하기도 했었다고 한다.

나오미 클레인(Naomi Klein)

캐나다 작가이자 사회운동가. 기업의 글로벌화에 매우 비판적인 시각을 가지고 있으며 《No Logo》라는 책으로 유명세를 탐.

《No Logo》에 의하면 나이키는 브랜드 노출을 극대화하기 위해 가능성이 보이는 선수들에게 후원금을 지원하고 선수들이 경기할 때, 광고를 내보낸다. 따라서 나이키가 지원하는 선수가 경기에서 우승을 차지하면 나이키의 판매율도 함께 증가하곤 한다. 그 말인즉슨 나이키가 지원하는 선수가 우승하지 못하면 나이키 광고의 효율성도 떨어진다는 말이 된다. 그래서 나이키는 우승할 가능성이 높은 선수들만 골라서 후원을 하곤 했다. 그런데 재미있는 점은 나이키가 단순히 선수를 후원만 한 것이 아니라 해당 선수가 반드시 우승할 수 있도록 주변 여건을 지원하거나 심지어는 상황을 조작한 적도 많더라는 것이다.

코카콜라는 자금난에 시달리는 학교에 후원금을 제공하고 구석구석에 코카콜라 광고판을 부착하는 한편, 학교관계자들이 코카콜라에 대해 안 좋은 발언을 하는 것을 금지하는 계약을 체결했다. 교사의 발언이 학생들에게 절대적인 영향을 미친다는 점을 고려한 것이다.

스타벅스는 종종 기존에 있던 카페를 인수하여 스타벅스로 개조하는 전략을 사용했다. 이것은 기존에 있던 카페의 숫자를 하나라도 더 인수하여 경쟁자를 줄이기 위함이다. 하지만 여기에서 또 한 가지 재미있는 것은 스타벅스가 어느 특정 도시에 새로이 진출할 때는 한 도시 내에 필요한 적정 카페 수보다 약 두 배 이상 많은 점포를 동시다발적으로 오픈한다는 것이다. 예를 들어 서울에 4,000개 정도의 카페가 적절하다고 판단되면 약 7,500개 정도의 스타벅스 카페를 오픈한다. 그렇게 되면 과잉 공급에 수요가 따라가지 못하기 때문에 개인 카페들이 적자를 기록하게 되고 사방에 있는 경쟁 카페들이 밀려나 폐업하게 된다. 스타벅스 또한 적자를 면하지 못하기는 마찬가지지만 스타벅스의 경우 자금 사정이 월등하기 때문에 버틸 수 있는 기간이 더 길다. 스타벅스는 경쟁 카페들이 줄줄이 폐업을 하고 나면 그 이후에 점포 수를 줄이곤 했다. 그렇게 하면 당연히 그 도시에 남아있는 카페는 스타벅스밖에 없게 된다.

실제로 기업들이 브랜드를 구축하기 위해 사용한 방법이 단지 제품의 품질만은 아니다.

'코카콜라의 주요상품은 콜라가 아니라 브랜드다'라는 말을 들어본 적이 있는가?

교수는 "코카콜라의 80%는 브랜드다. 사실 브랜드를 빼고 나면 코카콜라에게 남는 게 없을 정도" 라고 강조했다.

코카콜라에 첨가된 마지막 1%의 원료를 코카콜라의 사장이 죽으면 공개하겠다고 했던 기사 때문에 사람들 사이에서는 마약인가? 아니면 쉽게 구할 수 없는 특별한 원료가 들어갔는가? 하며 궁금해하곤 했다. 사실 마지막 1% 따위는 없다. 논란이 되었던 코카인 성분도 1903년 이후로 금지되었다. 콜라는 음료 중에서도 가장 만들기 쉬운 음료에 속한다고 한다. 마지막 1%에 대한 이야기는 신비로운 이미지를 담아 광고로 활용하여 월등한 브랜드를 구축하기 위한 마케팅이었던 것이다.

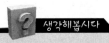

생각해봅시다

1. 인터넷, 소셜미디어(SNS) 등의 발전으로 인해서 브랜드의 가치와 구축방법 등에 변화가 생기고 있습니다. 사실 Naomi Klein은 《No logo》를 통해서 브랜드 구축의 비밀을 폭로하고자 한 것이 아니라 '브랜드를 뛰어넘는 기업'을 세울 것을 요구하고자 했습니다. 지금 사회에 맞는 브랜드 구축방법은 무엇일까요?

Course 5

경영관리

"

경영관리 과목은 기본적으로 사업체의 안정적인 운영을 목적으로 하는 학문이기 때문에
도덕성 문제에 민감한 반응을 보이곤 한다.
경영관리 과목에서는 이러한 상황을 방지하기 위해 감사제도의 도입을 권하고 있으나
감사제도만으로는 완벽한 통제가 어렵다.
간혹 주변에서도 친한 사람과 거래를 했다가 크게 낭패를 본 뒤에
"아는사람과는 거래를 하지 않는다"라고 말하는 사람을 종종 볼 수 있는데
그만큼 친한 사람과 함께 사업하는 것이 쉽지 않다는 것을 의미한다.

"

Management
Control

●●● "우리가 성공적으로 기업을 이끌어 가려면 무엇을 잘해야 하지요?"

흰머리가 덥수룩하게 자란 경영관리 과목 교수님께서는 이런 질문으로 첫 수업을 열어가셨다. 이 교수님은 내가 스웨덴에서 보아온 교수님 중에서도 가장 존경하는 분이다. 그런 만큼 첫인상부터가 남달랐다.

"마케팅, 재무…… 뭐 이런 것 아닌가요?"

"기업을 이끌어 나가는 사람이 마케팅, 재무 정도만 알면 누구나 성공할 수 있나요?"

우리가 달리 대답을 못 하고 우물쭈물하고 있자, 교수님께서는 계속 이야기를 이어가셨다.

"성공적인 마케팅 전략으로 엄청나게 큰 기업을 일궈 놓고도 순식간에 넘어가는 기업들이 많습니다. 왜 그런 걸까요?"

많은 기업들이 매년 새로 생겨나고 문을 닫는다. 안타깝게도 벤처기업들이 생겨나거나 없어지는 건 사회에 아무런 영향을 미치지 못할 뿐 아니라 아무도 관심을 가지지도 않는다. 그러나 글로벌 규모의 대기업들이 부도처리 되면 사회 전체에 파장이 일어나기 시작한다. 중소기업의 부도는 대부분 약한 자금력으로 인한 경영난 문제로 발생하지만, 자본력이 충분한 대기업의 부도는 대부분 도덕성 문제에서 시발점을 찾을 수 있다.

우리나라의 대우그룹이나 미국의 엔론 같은 사례가 대표적이다.

경영관리는 기업의 곳곳에서 일어나는 도덕성 문제와 관리기법에 대한 과목이다. 마케팅이 공격적인 경영기법이라면 경영관리과목은 방어적인 경영기법이다. 마케팅이 칼이라면 경영관리는 방패에 비유할 수 있을 것이다.

테드의 택시회사

　많은 MBA 졸업생들은 고액 연봉을 제시받고 회사에 취직하거나 또는 MBA에서 배운 것을 활용하겠다며 사업체를 차리곤 한다. 하지만 MBA 졸업생들이 하는 사업체는 언제나 성공할 것이라 생각하면 오산이다. 물론 사업의 '사'자도 모른 채 패기만 믿고 시작하는 사람보다야 안정적일 수 있겠지만 그렇다고 항상 성공적인 것은 아니다. MBA를 졸업하자마자 자신 있게 사업체를 꾸린 테드의 이야기를 들어보자.

이제 막 MBA를 졸업한 테드는 자신감에 가득 찬 목소리로 외쳤습니다.

"내가 직접 CEO가 되어서 회사를 바꾸어 보겠어!"

그는 학교에서 배운 것들을 모두 펼칠 수 있는 회사를 찾고 있었습니다. 그러던 그의 눈에 들어온 것은 3년째 경영적자에 허덕이고 있던 넘버원 택시회사였습니다. 넘버원 택시회사는 소형자동차를 기반으로 자동차의 판매 그리고 휘발유의 도소매와 기사훈련 등을 하는 회사였습니다. 테드가 넘버원 택시회사를 인수했을 때, 그 회사는 연간 약 50만 달러 수준의 순손실을 기록하고 있었습니다. 회사에 도착하자마자 회사의 상태를 파악하기 시작한 테드는 다음과 같이 분석을 마무리 지었습니다.

- **회계부서**: 회사 전체의 자금유통을 담당한다. 부장인 아더는 매일같이 각 부서를 돌아다니며 각 부서가 벌어들인 수입을 거두고 관리한다. 아더는 회사에서 30년 이상 근무한 사람으로 매사에 꼼꼼한 면이 있다.

- **A/S 부서**: 자동차의 수리를 담당한다. 연 수익은 약 60만 달러 수준이다. 부장인 칼은 정년에 가까운 노장으로 자동차의 수리에는 경험이 풍부하지만, 회사의 사정이나 운영 등에는 관심이 없는 것으로 보인다.

- **기사교육**: 택시기사를 양성하는 교육기관이다. 연수익은 약 24만 달러 수준으로 다른 부서에 비해 적은 편이다. 부장인 더글러스는 고등학교를 중퇴하고 바로 이 회사에서 교육을 담당하기 시작했다.

- **영업**: 소형자동차의 판매를 담당하는 부서이다. 하지만 판매실적이 좋지 못해 운영을 중단하는 것이 좋을 듯하다.

- **휘발유**: 택시들이 소비하는 면세 휘발유의 도매 및 소매를 담당하는 부서이다. 연수익은 약 130만 달러 수준으로 가장 높은 편이다. 부장인 레오나르도는 30대 중반 정도인데, 이 회사에 오기 전에는 막노동판에서 일하던 사람이었다고 한다.

전반적으로 회사의 운영은 회계부서의 부장인 아더에 의해 처리되는 듯했습니다. 전직 CEO였던 맥 골드릿은 주로 회계부장인 아더와 운영을 협의하여 결정했고 아더가 직접 부장들과 이야기하여 실무를 처리하곤 했습니다.

1. 이 회사가 경영위기에까지 이르게 된 원인은 무엇일까요?

2. 테드는 이 회사를 어떻게 바꿀 수 있을까요?

테드가 회사의 경영권을 장악하자마자 가장 먼저 취한 행동은 부장들을 소집하는 것이었습니다. 그리고 말했습니다. "오늘부터 각자 부서에서 벌어들인 수익은 각자 부서에서 관리합니다." 이 말에 모두 어안이 벙벙했습니다. 고등학교도 졸업하지 못했던 더글러스는 "연 20만 달러나 되는 큰돈을 관리할 생각을 하니 내 양손에 폭탄을 쥐고 있는 것 같은 기분이다"라고 말했습니다. 무엇보다도 30년 동안 회사의 모든 중책을 맡고 있던 회계부 아더의 불만이 가장 컸습니다. 그는 "그럼 나는 필요없다는 거죠? 그럼 그만두겠습니다"라고까지 말했습니다. 하지만 테드의 생각은 달랐습니다.

'일단 각자 부서에서 이익을 관리하기 시작하면 부장들이 자신이 얼마나 버는지에 관심이 생길 것이고 어떻게 하면 더 많이 벌 수 있는지를 연구하게 될 것이다. 초기에 혼란이 있을 수는 있겠지만 장기적으로 회사의 이익이 증가하게 될 것이다'라는 것이 그의 판단이었습니다.

테드의 생각은 맞아떨어졌습니다. 회계부장인 아더는 기어이 사표를 던지고 나갔지만 각 부서들의 부장이 직접 이익을 관리하게 되면서 그들은 자신들이 쓰는 비용도 함께 고려하게 되었습니다. A/S부서의 부장인 칼은 "예전엔 별 생각없이 회사생활을 해왔는데 지금은 고객서비스에도 신경을 쓰고 있습니다. 심지어 최근에는 종이컵 비용도 아껴보려고 유리컵을 구입하기로 했습니다"라고 말했습니다.[10]

---

10) Havard Business Review의 Case-study 를 각색한 자료이다.
     Airtex Aviation, 2000, HBS #9-183-058, Professor Neil C. Churchill, Havard College, Havard
     Business Review)

1. 테드의 결정으로 회사는 많은 변화를 겪게 되었습니다.
테드의 결정을 옳은 결정입니까? 잘못된 결정입니까?

2. 그 결정에 따른 장점과 함께 단점도 찾아봅시다.
또는 테드가 내린 결정보다 나은 방법을 찾아봅시다.

이번 케이스와 같이 이익을 내는 부서를 만드는 것을 Profit Center라고 한다. 반면에 직접 이익을 내지 않고 비용을 소비하기만 하는 부서를 Cost Center라고 한다. 이번 케이스에서 테드가 노린 것은 부장들이 회사의 이익에 관심을 갖고 서로 비교하여 이익을 극대화하도록 자극하는 것이었다.

그런 점에서 말하면 테드는 분명 성공했다. 하지만 테드가 간과해서는 안될 부분도 분명히 있었다. 우선 연간 수십만 달러의 수익을 운영하기에는 직원의 교육수준과 경험이 너무 낮다. 테드가 고려했던 초기의 혼란이 자칫 잘못하면 회사를 파산으로 몰고 갈 수도 있다. 또한 부장들이 많은 금액을 관리하고 있음에도 그것을 감시할 만한 부서를 개설하지 않았다. 이것은 재정을 관리하게 될 부장들의 도덕성 여부에도 질문을 던질 수 있는 문제이다.

지난 2001년, 미국 전체를 위기로 몰고 간 Enron사태도 줄어드는 이익을 늘어난 것처럼 포장하는 분식회계를 제대로 감시하지 못해 발생한 사건이다. 따라서 테드가 Profit center의 설치를 성공적으로 마무리하기 위해서는 무엇보다도 부장들에 대한 재정훈련이 중요하다. 또한 적절한 보상을 첨가해야 부장들이 알지 못하는 영역의 업무의 증가에 대한 책임감에 짓눌리지 않을 수 있다.

교수는 이 케이스를 실패사례라고 과감하게 단정지었다. 이 케이스의 실제 모델기업은 다른 이름으로 미국에서 사업을 지속하고는 있지만 훈련과정 없이 무리하게 진행했던 권한위임은 중간관리자들이 갈피를 잡지 못하고 우왕좌왕하다가 종결되었다고한다.

해리네 건설회사

사업이란 것은 흥할 때도 있고 망할 때도 있다. 때로는 망하는 듯하다가도 기회가 찾아온다. 그런데 힘든 시기에 찾아온 기회는 여러 번 검토해보아야 한다. 그것이 정말 좋은 기회일까? 더 좋은 방법은 없는 것일까? 힘든 시기에 찾아온 기회는 때로는 그것이 독이 든 사과일 수도 있기 때문이다.

해리는 지난 1990년, 미국 중부의 모 도시에서 지분 100%를 투자하여 개인회사 형식으로 '해리네 건설회사'를 설립했습니다. 물론 주변에 대형건설사들이 많이 있었기 때문에 어려움이 없지는 않았지만 설립이후로 지금까지 약 3,000개 정도의 개인주택을 건설하면서 그럴 듯한 수익을 내고 있었습니다. 아파트나 빌딩을 건설하자면 경쟁이 불가피하다는 것을 파악한 해리가 대형 밀집 아파트단지를 조성하는 주변의 대형 건설사들과는 달리 선주문방식의 호화 개인주택을 많이 다루었기 때문입니다. 그 외에도 회사에서 미리 건축하여 시장에 매물로 판매하는 주택도 있는데 해리의 회사에서 공급하는 개인주택의 단가는 평균적으로 한 채당 40억 원 정도에 판매되곤 합니다. 건설사를 운영할 때 가장 골치 아픈 업무는 땅을 매입하는 것입니다. 매입에서 건축 후

판매되기까지 약 3년 가량 걸리기 때문에 현재 주변 시세와 건설 이후의 가치 변화까지도 조사를 해야 하는데다 용도변경 등 법적절차도 까다롭기 때문입니다. 여하튼 해리는 지금까지 약 4000억 원 가량의 수익을 내며 안정적인 사업을 유지하고 있었습니다.

그런데 2009년의 어느 겨울, 해리는 깊은 고민에 빠졌습니다. 미국에서 시작된 경제위기의 여파로 건설수요가 대폭 하락했기 때문입니다. 건설을 의뢰하는 주문도 대폭 줄어든데다 이미 지어둔 주택들도 가격이 크게 하락하여 팔아봐야 적자폭이 커질 것이 뻔했습니다. 게다가 원자재 가격이 인상될 것이라는 소식도 들려오기 시작했습니다. 어찌할 바를 몰라 찾아간 경영컨설팅 회사에서는 '사업체를 구조조정하고 건설경기가 안정될 때까지 일시적으로 직원들을 해고하라'는 조언을 해 주었습니다. 하지만 해리는 그 조언이 썩 마음에 들지 않았습니다. 10년이 넘는 세월을 함께 하며 상당히 호흡이 잘 맞는 팀워크를 만들어냈기 때문입니다. 해리의 팀은 건설업계에서 최고로 인정받는 팀인 건 확실합니다. 하지만 직원들을 해고하지 않으려면 건설경기가 안정되기까지 상당한 시간 동안 꾸준한 일거리가 필요합니다.

이 때문에 고민을 하고 있던 해리에게 때마침 구원의 손길이 찾아왔습니다. 남서부지역을 담당하고 있던 영업부장 로버트가 신도시를 건축하기에 알맞은 지역을 찾아낸 것입니다. 지역을 자세히 살펴보니 기존의 대도시 외곽지역으로 충분히 근접성이 있는데다 토지가치도 충분했고 법적으로도 이상이 없었습니다. 이 토지를 현재 소유한 사람은 새라라는 사람인데 새라는 로버트의 대학동창으로 두사람은 10년이 넘도록 친분을 유지하며 언젠가 함께 사업을 하자고 약속한 사이였습니다. 새라는 이 지역에 밀집형 신도시를 구축하여 대규모 수익을 발생시킬 생각을 하고 있었습니다. 같은 모양의 아파트를 수천 개를 지어 대규모 인원을 수용하고자 하는 것입니다. 새라는 해리에게 함께 건축을 진행하고 수익은 50:50으로 나누어 가지자고 제안했습니다.

만일 이곳에 신도시를 짓는 프로젝트에 참여하기로 하면 해리는 구조조정을 거치지 않아도 될 뿐 아니라 건설경기가 안정될 때 즈음에는 큰 수익이 발생할 것입니다. 게다가 기존에는 개인주택을 지어왔지만 이제는 신도시건설에 참여하는 대형 건설사로 탈바꿈하게 될 것입니다. 하지만 위험부담도 꽤 컸습니다. 그렇잖아도 자금부담이 큰 상황에 대규모 자금을 장기간 동안 투입해야 하는 사업이었기 때문입니다. 이 사업을 진행하려면 은행으로부터 자금을 대출받아야 합니다. 하지만 그것이 문제되지는 않을 것으로 보입니다. 은행 측에서는 신도시사업에 저금리로 장기간 대출을 해주겠다고 약속했습니다.[11]

---

11) Management Control Systems 의 Case-study 를 각색한 자료이다.
The Platinum Pointe Land Deal, 2007, ISBN 978-0-273-70801-8, Professor Kenneth A.Merchant)

 생각해봅시다

1. 해리는 신도시 구축을 하는 것이 좋을까요? 하지 않는 것이 좋을까요?

2. 그 결정에 따른 장점과 단점을 찾아봅시다. 또는 더 나은 방법을 찾아봅시다.

이번 케이스에서 드러난 해리네 건설회사의 문제점은 여러 가지가 있지만 가장 기본적으로 다음의 4가지를 꼽을 수 있다.

첫째, 위험부담이 지나치게 크다는 것이다. 건설회사의 특성상 건설에 엄청난 금액이 들어가는데다가 경제위기의 영향으로 당분간 수입이 적거나 거의 없을 수 있다는 점을 고려하면 잘못하면 부도로 이어질 수도 있다.

둘째, 선주문 고급주택 전문기업의 특성으로부터의 탈피이다. 기업이 다각화를 시도하려 할 경우, 그 기업은 우선 브랜드가치를 따져봐야 한다. 소규모 기업의 경우 더욱 그렇다. 해리네 건설회사의 경우, 이미 고급주택 전문기업으로 이미지가 구축되어 있다. 새라가 제안한 위험성 높은 신도시 건설 사업이 크게 성공을 거두어 대형 건설사로 탈바꿈할 수 있다면 문제가 다르겠지만 그렇지 않은 경우에는 브랜드 이미지에 대한 상당한 손실을 감안해야만 한다. 한 번 구축된 브랜드이미지는 바꾸기가 쉽지 않다.

초기에 미국시장에서 자동차를 미국산 자동차에 비해 저가로 판매하여 시장점유율을 높이는 데 성공한 도요타 자동차는 고급자동차를 지속적으로 출시하여 '도요타'라는 브랜드를 고급브랜드로 변화시키고자 노력했으나 미국인들의 인식 속에 '도요타'가 여전히 저가로 인식되어 있음을 알게 되었다. 이에 도요타는 자사의 고급자동차에서 아예 '도요타'라는 이름을 빼버리고 대신 '렉서스' 브랜드를 사용하기로 하면서 고급자동차 시장에 성공적으로 안착할 수 있었다. 이와 마찬가지로 해리네 건설회사가 고급주택 전문기업으로서의 이미지를 포기하는 데 소요되는 비용을 계산해야 한다.

셋째, 새라와 로버트가 친구인데다 함께 사업을 같이 하자고 약속까지 한 사이라는 점에서 잠재적인 도덕성 문제를 제기할 수 있다. 물론 친구가 함께 사업을 하는 것이 잘못되었다는 말은 아니다. 둘은 친한 사이이기 때문에 더욱 강한 팀워크를 만들어낼 수도 있다. 하지만 반대로 문제가 발생했을 때 친구라는 이유로 그것을 묵인하거나 덮어주려 하는 행위가 발생할 수도 있는 것이다. 하지만 만일 큰 자금이 투입된 사업이 시작된 이후에 두 사람이 투자금을 가지고 잠적한다면? 그것에 대한 뒷감당은 오로지 해리의 몫이다.

경영관리 과목은 기본적으로 사업체의 안정적인 운영을 목적으로 하는 학문이기 때문에 도덕성문제에 민감한 반응을 보이곤 한다. 경영관리 과목에서는 이러한 상황을 방지하기 위해 감사제도의 도입을 권하고 있으나 감사제도만으로는 완벽한 통제가 어렵다. 간혹 주변에서도 친한 사람과 거래를 했다가 크게 낭패를 본 뒤에 "아는사람과는 거래를 하지 않는다"라고 말하는 사람을 종종 볼 수 있는데 그만큼 친한 사람과 함께 사업하는 것이 쉽지 않다는 것을 의미한다.

넷째, 정확하게 따지자면 해리는 단지 '직원들을 해고하고 싶지 않아서' 신도시사업을 벌이고자 한다는 점이다. 하지만 회사는 동네 아이들의 놀이터가 아니다. 해리가 좋은 팀워크를 구축하는 데 성공했다는 것은 높이 살 만하지만, 그것을 이유로 위험을 감수하는 것은 올바르지 않다. 차라리 직원들이 실력을 더욱 갖출 수 있도록 프로젝트성 장기휴가를 제공하거나 또는 해외지역에의 건설사업을 수주하는 등의 방법을 동원하여 비용절감을 위해 노력하는 편이 낫다.

한국대학교의 재정정책

한국대학교는 1900년도에 설립되어 지금까지 22개 단과대학을 운영하며 수많은 인재들을 배출해낸 최고의 명문으로 손꼽히는 학교였습니다. 학교의 운영은 정부에서 제공되는 지원금을 단과대학들이 나누어 소비하는 방식이었으며, 매년 초 각 단과대학의 학장들이 모여 협의를 통해 배분되곤 했습니다. 예산을 배부하는 시기가 되면 보통 단과대학의 학장들은 총장에게 일정금액의 뇌물을 바치기도 했는데, 뇌물을 바친 단과대학은 그 해의 예산이 일정 부분 증액되기도 했습니다.

하지만 지난해에 학교가 사립으로 전환되면서, 학교의 운영에 수입과 지출이 민감하게 다루어지기 시작했습니다. 사립으로 전환된 한국대학교는 가장 먼저 재정부서를 새로 설치하고 재정부서가 모든 단과대학들의 재정관리를 도맡아 하도록 지시했는데, 재정부서가 하는 일은 주로 각 단과대학들의 등록금을 관리하며 그 수입에 따라 예산을 책정하는 일이었습니다.

새로이 설립된 재정부는 기존의 예산책정 방식이 실제로 필요한 금액보다는 협상력에 의해서 예산이 정해지기 때문에 효율성이 없다는 사실을 깨닫고 예산책정 방식을 바꾸기로 했습니다. 재정부는 곧 각 대학들을 다음의 4가지로 구분하고 예산을 차등지급했습니다.

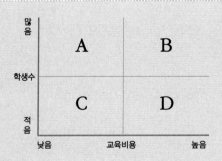

이에 따라 학생들이 많이 등록하고 교육비용이 낮은 대학들은 지원을 많이 받았지만 학생 수가 부족하고 교육비용이 많이 들어가는 대학들은 폐지될 위기에 처하게 되었습니다. 이 정책이 발표되자 각 단과대학들은 저마다 살아남기 위해 학생을 유치하는 일에 뛰어들었고, 교육비용을 절감하기 위해 각고의 노력을 기울이기 시작했습니다. 한국대학교의 전반적인 재정이 안정되기 시작하면서 학교운영의 효율성이 증가되는 듯했습니다.

하지만 곧 문제가 터지기 시작했습니다. 교육에 자재비가 많이 들어 아무리 노력하더라도 교육비용이 줄어들지 않는 낮은 등급의 대학들(음악대학, 미술대학 등)이 불만을 터뜨린 것입니다. 반면 경영학과나 법학과 등 교육비가 들어갈 일이 없는 학과들은 예산이 남아돌기 시작했습니다.[12]

Course 5

Management Control

---

12) Management Control Systems 의 Case-study 를 각색한 자료이다.
   University of Southern California:Revenue center Management System, 2007, ISBN 978-0-273-70801-8, Professor Kenneth A.Merchant)

1. 재정부가 시행한 정책의 장점과 단점은 무엇입니까?

2. 이 정책은 지속되어야 할까요? 없어져야 할까요?

3. 또는 어떤 대안이 있는지 혹은 정책을 어떻게 수정해야 할지도 제안해봅시다.

이 케이스에 대한 토론이 시작되자마자 교수가 가장 먼저 던진 질문은 "이 사례를 통해 누가 이득을 보는 것인가?"였다. 학교? 학생들? 학과장?

분명 학교 전체적으로 본다면 어느 정도 비용 절감효과를 거둘 수 있었을 것이다. 하지만 그것은 분명 수업품질의 하락으로 이어질 수 있다. 그러면 그 비용절감이 정말 가치가 있는 것일까? 학생들과 학과장에게는 어떠한 영향이 있었을까? 많은 학생들이 자신의 의견을 피력했지만 딱히 명쾌한 대답이 나오지는 않았다. 그도 그럴 것이 학교는 이익을 목적으로 세워진 것이 아니기 때문이다. 학교나 종교단체, 비정부기관 같이 이익을 목적으로 하지 않는 기관을 비영리기관Non Profit Organization (NPO)라고 부른다.

NPO또한 영리기관(FPO, For Profit Organization)와 마찬가지로 기관의 가장 큰 목적을 '가치를 높이기 위해서'로 설정한다. 하지만 그 가치가 '이익'이 아니라는 것에 차이가 있을 뿐이다. 따라서 투자대비 성과분석(ROI, Return On Investment)이나 재정관리 등에서 일반적인 방법이 무시되는 경향이 있다. 하지만 대부분의 NPO들이 MBA에서 가르치는 경영기법을 도입하고 있으며 그것들로부터 상당한 효과를 보고 있다.

이 케이스에서 분명한 것은 재정부를 세우고 대학들을 구분한 것은 잘한 것이다. 비록 관리 방법이 잘못되긴 했지만 아예 안 하는 것보다는 나을 것이다. 이 케이스에서 우리는 한국대학교가 시행한 이 정책의 약점으로 다섯가지를 꼽았다. 첫째, 많은 재정을 얻어내기 위해 단과대학들이 얼마든지 장부를 조작하는 것이 가능하다. 둘째, 학교의 계획에서 중장기적 비전과 전략을 찾을 수 없다. 셋째, 원활한 팀워크가 이루어지지 않고 있다. 넷째, 재정부의 개입으로 인해 교육의 품질이 하락할 가능성이 있다. 다섯째, 재정관리의 개선이 학생들에게 미치는 영향이 미미한 수준이다.

재정부가 잘못 판단한 점은 사실 아주 간단하다. '성과측정방법'이 잘못되었다. 한 대학교 내에서 단과대학들끼리의 성과경쟁은 그것을 올바르게 측정할 수 없다는 이유에서 합리적이지 못하다. 학과마다 다른 특성들을 가지고 있는데다가 항상 학생들이 몰리는 학과가 있는가 하면 항상 기피대상인 학과도 있다. 한국대학교는 경영학과에 학생들이 몰리는 데다가 비용이 적게 들어 수익성이 높다는 이유로 경영학과를 중요시하고 더 많은 예산을 지원했다.

하지만 반대로 생각해보자. 높은 비용과 부족한 학생 수 때문에 항상 존폐의 위기를 맞고 있는 음악대학이 사실 알고 보니 한국대학교에서 가장 우수한 학과였다면 어떨까? 더 나아가 음악대학은 세계에서 열손가락 안에 꼽히는 명문대학이지만 경영대학은 세계랭킹 안에도 들어 있지 않았다면? 그런데도 재정부는 음악대학의 폐지를 주장할 수 있을까? 수익성만으로 대학들을 측정하겠다는 것은 위험한 발상이다.

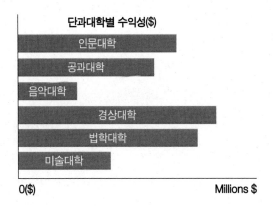

단과대학별 수익성($)

인문대학
공과대학
음악대학
경상대학
법학대학
미술대학

0($)   Millions $

그러면 어떻게 대학들을 평가하고 구분하면 될까? 물론 다양한 방법이 있다. 예를 들면, 교육비용과 학생 수를 비교하는 대신 해당 대학의 가치와 수익성을 비교할 수도 있을 것이다. 대학의 가치를 평가하기 위해 해당 대학의 인지도(랭킹)를 비교할 수도 있을 것이다. 그렇게 되면 최소한 비교적 우수한 순위로 평가되고 있는 음악대학을 폐지하자고 주장하는 오류를 발생시키지는 않을 것이다.

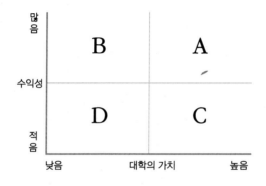

또는 수익성을 비교할때, 얼마나 학과의 수익성이 개선되고 있는지 판단하기 위해 다른 학과와 비교하는 것이 아니라 해당대학의 과거 수익성과 비교하여 개선여부를 확인하는 방법도 있다.

그 외에도 '서로 존중하는 사내문화를 형성할 것'과 '차별화된 예산책정 대신 성과가 높은 단과대학장들에게 보너스를 지급하는 방안' 그리고 '팀워크를 강화해야 한다'는 의견들이 제시되었다.

경영관리 교재는 케이스와 질문의 연속이었다. 하지만 약 850페이지에 이르는 두꺼운 교재의 어디에도 케이스스터디에 대한 적절한 해결책은 존재하지 않았다. 경영관리 수업의 케이스세미나는 말그대로 매주마다

5~6개에 이르는 기업의 경영사례를 분석하면서 어떻게 운영을 해야 좋을지 토론에 토론을 거듭해야 하는 수업이었다. 어느 정도 마음에 드는 제안을 찾아내어 수업시간에 발표하면 사방에서 영락없이 제안에 대한 비판과 문제점들이 쏟아져나왔다. 나중엔 케이스만 봐도 노이로제에 걸릴 지경이었다.

한 번은 미국의 유명한 B회사에 대한 사례와 함께 회사의 실제 회계보고서가 제시되었다. 이 사례에 대한 분석을 마치고 토론이 마무리 되어가면서 우리들의 결론은 '회사의 운영시스템이 뒤떨어져 있어, 이 회사의 가치는 실제 제시된 것보다 낮으며 적절한 조치가 취해지지 않으면 내년에는 더 떨어질 수 있다. 또한 분식회계의 가능성도 의심된다'라는 생각이 지배적이었다. 이러한 내용으로 토론을 마치자마자 한 학생이 벌떡 일어나며 외쳤다. "으악! 몇 달 전에 저 회사 주식을 왕창 사두었단 말이에요!" 교실은 웃음바다가 되어버렸고 수업을 진행하던 교수는 "웬만하면 일찌감치 처분하는게 좋지 않겠어요?"라며 수업을 마무리지었다.

지식관리, 그리고 지식경영은 피터 드러커(Peter Drucker)가 그의 저서 《제3의 물결》에서 '지식'의 중요성을 강조하기 시작한 이래로 의미있는 자원으로서 관리의 필요성이 증대되기 시작했습니다. 국내의 경우, 지식관리시스템(Knowledge Management System)이 주목을 받기 시작한 것은 IMF막바지 무렵이었는데요. 대형 정리해고로 수많은 인력이 회사를 떠나게 되면서 그들이 가지고 있던 지식자원도 함께 떠나고 기업의 지식자원이 소실된다는 점에서 대량 정리해고의 문제점을 지적하기도 했습니다. 비단 IMF와 같이 대량 정리해고가 필요한 상황이 아니더라도 지식관리의 중요성은 기업의 일상 속에서 지속적으로 발견되곤 합니다. 가령 생산관리업무를 총 담당하고 있던 김 대리가 일주일 이상의 병가를 냈다면? 일반적으로는 관리자 없이 그동안 해오던 식의 업무를 지속하게 되며, 심한 경우, 생산관리 업무 자체가 멈추어 버리는 경우도 허다합니다. 이러한 현상은 생산관리에 대한 대부분의 지식이 김 대리에 집중되어 있기 때문입니다. 특히 관련 지식과 노하우가 김대리의 머릿속에만 존재하고 있다면 더더욱 김 대리의 장기적인 부재를 대체할 방법이 없게 됩니다. 이러한 상황을 미연에 방지하고, 또한 부재중인 인적자원을 효율적으로 빠르게 대체할 수 있으면서도 김대리만 알고 있는 생산관리와 관련된 노하우를 모든 사람들이 공유할 수 있도록 하기 위한 시스템이 바로 지식관리시스템(KMS)입니다.

하지만 그렇다고 지식관리 시스템이라고 해서 수억 원이 들어간 IT솔루션을 떠올린다면 굳이 그런 것만은 아닙니다. 지식관리시스템을 구성하는 IT 솔루션의 예로는 다음과 같은 것들이 있습니다.

● 인터넷(지식검색서비스)

● MIS(Management Information System)

● 전자도서관

● E-MAIL

KMS가 어떤것인지 눈치를 채셨나요? KMS의 실체를 알고 나면 사실 너무 평범한 시스템들이어서 오히려 맥이 빠지고 맙니다. KMS 전문가들은 "KMS는 특정 시스템을 지칭하는 말이 아닌, 회사정책에 가깝다"고들 표현하곤 합니다. 미국의 경영학자 Tom Davenport 역시, "지식관리 프로젝트의 2/3 이상의 노력을 비기술적인 부분에 투입해야 한다. 만약 1/3이상의 노력을 기술구현에 쏟는다면 사실상 KMS 운영에 필요한 컨텐츠, 조직문화, 동기부여 등을 무시하게 될 수 있다"라고 언급했습니다. 사실 KMS를 하려고만 하면 게시판 한두 개만 가지고도 할 수는 있습니다. 그것을 뒷받침 해주는 회사정책이 어떤 상황인지 그리고 회사 임직원들의 사고방식이 어떤지에 대한 질문이 오히려 더 중요한 셈입니다.

WHY KMS?

그렇다면 지식관리시스템은 왜 필요한 것일까요? 일반적으로 기업들은 지식을 체계적으로 관리하고, 그것을 바탕으로 지식경영을 완성하기 위해 지식관리시스템을 도입하곤 합니다. 여기에서 지식관리란, '기업의 목표달성을 위해 조직 내외에 산재해 있는 지식을 획득하고 조합하여 체계적으로 공유시키는 제반 행위'를 말합니다. 지식관리에 관해 자주 인용되는 가트너그룹에 의하면 '지식경영이란 기업의 지적 자산을 생성, 채집, 구조화, 접근 및 사용을 하기 위한 관리방법론으로 데이터베이스, 문서, 업무규정 및 절차뿐만 아니라 직원들 머릿속에 담겨있는 전문지식이나 경험들까지 포함하는 것이다'라고 했습니다. 확실히 지식이란 것은 특정폴더나 서류박스 안에 담겨있는 것은 아니죠. 위로 CEO로부터 아래로 청소부에 이르기까지 전 임직원의 머릿속에 담겨있는 것이 지식, 노하우입니다. 이것을 꺼내어 체계적으로 공유하고자 하는 것이 바로 지식관리입니다. 그리고 지식경영이란, '지식관리활동을 기업의 비즈니스에 연결함으로써 어떠한 가치를 창출해 내는 일련의 과정'을 말합니다. 결과적으로 말하자면, 기업이 지식관리시스템을 도입하는 이유는 개개인의 머릿속에 담겨있는 지식과 노하우를 꺼내어 체계적으로 공유, 관리하고, 그것을 이용하여 기업만의 고유한 가치를 창출하기 위함이라고 볼 수 있습니다.

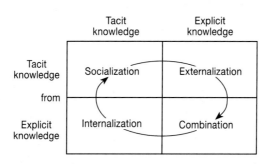

일본의 유명한 경영학자 노나카 이쿠지로(野中 郁次郎)는 기업이 관리해야 할 지식을 Tacit Knowledge(암묵적 지식)와 Explicit Knowledge(분명한 지식)로 구분하고, 기업구성원이 가지고 있는 Tacit Knowledge를 Explicit Knowledge으로 전환하여 공유해야 한다고 강조했습니다. Tacit Knowledge는 문서화되지 않은 지식들을 말하는데, 주로 개인적인 경험, 숙련도, 기업문화, 신념, 가치 등을 포함합니다. Tacit Knowledge는 개인의 무의식에 깊이 관여하여 개개인의 행동패턴에 큰 영향을 끼치기도 하며 전문성을 띠고 있으므로, 더 깊은 수준의 지식을 포함하고 있다는 특징이 있습니다. 반면에 쉽게 학습하거나, 다른 사람에게 전달하기 어렵다는 단점도 포함하고 있습니다. Explicit Knowledge의 경우, 주로 문서화된 지식들을 말하는데, 주로 문서, 데이터, 매뉴얼, 프로그램 등을 포함합니다. Explicit Knowledge는 개인적이라기 보다는 기업구성원 전체와 관련된 지식의 성향이 강하며, 학습하거나 지식의 공유가 수월하고 장기적인 보관에 용이하다는 장점이 있는 반면에, 원치 않는 사용자가 취득한 경우 보안문제가 발생할 수 있으며, 또한 지식을 문서에 기록해야 하므로 Knowledge의 생성이 번거롭다는 단점이 있습니다.

그렇다면 기업들은 KMS를 왜 도입하려고 하는 것일까요? 대한상공회의소의 발표자료에 따르면, 기업들은 주로 KMS를 통해 효율성 및 생산성의 향상(51.7%)과 기업가치증대(12.8%)를 기대하고 있다고 합니다. 또한 기업들이 중

노나카 이쿠지로(野中 郁次郎)
일본의 저명한 경영학자이자 히토쓰바시 대학 명예교수. 지식경영(Knowledge Management)의 권위자로 《월스트리트저널》에 의해 2008년 5월 '세계에서 가장 영향력 있는 비즈니스 구루' 중 한 명으로 선정됨.

점적으로 관리하고 있는 지식의 종류로는 경험이나 노하우(42.4%)가 압도적인 비중을 차지하고 있는 것으로 나타났습니다.

반면, 신기술동향(17.3%)이나 연구개발(11.3%)등은 가장 낮은 점수를 받아, KMS가 단순히 자료를 공유하기 위한 시스템인 것은 아니라는 사실을 반증하고 있습니다. 결론적으로 볼 때, 기업들은 KMS를 통해 업무자료보다는 개개인이 보유하고 있는 경험과 업무노하우를 공유하려 하고 있으며, 그 결과로 업무 효율성과 생산성의 향상을 기대하고 있다고 판단할 수 있습니다.[13]

KMS가 없으면?

그렇다면 KMS가 도입되어 있지 않은 기업의 현실은 어떨까요? KMS에 대해 준비를 하고 있지 않은 수많은 기업들의 경우 약 90% 이상의 지식과 노하우가 Tacit Knowledge로 임직원들의 머리 속에 보관되어 있는 것으로 보여집니다. 또한 업무처리방식이 매뉴얼을 통해 체계적으로 정리되어 있지 않은 채, 구두방식으로 업무의 인수인계가 이루어지고 있는 경우가 많습니다. 때문에 갓 입사한 신입사원이 배정된 업무를 습득하는 데에만도 6개월 이상의 긴 시간이 소요되곤 합니다.

또한 대부분의 팀이 팀원을 타이트하게 운영되고 있어(1인 1부문 담당) 해당 인력을 잃게 되면 업무에 큰 차질이 생길 수 있습니다. 실제로 1997년도 IMF 당시, 정리해고와 함께 기업들마다 소실된 경험지식이 상당히 많은 것으로 알려진 바 있습니다. 얼마 전에 만난 모 중소기업 사장님도 저에게 "직원이 한 명이라

---

13) http://www.edaily.co.kr/news/NewsRead.edy?newsid=01692486579849576&SCD=DC21&DCD=A00203 참조

도 그만둔다고 말하는 순간 타격이 크다"라고 말씀하시더군요. 이러한 현상 역시 개개인이 알고 있는 노하우와 업무 관련 지식들이 KMS 데이터베이스로 백업되어 있지 않았기 때문입니다. 현재, KMS를 가지고 있지 않은 대부분의 기업들(특히 중소기업)의 인력구조는 직원의 손실과 함께 상당히 많은 양의 경험데이터를 잃게 되어 있습니다. 물론 직급이 높을수록 더욱 손실률이 커집니다.

KMS의 부재는 임직원의 업무에도 큰 불편을 주곤 합니다. 대부분의 노하우가 인트라넷에 공개되어 있지 않아, 직원들은 사소한 질문들도 모두 직접 동료들에게 전화를 걸어 물어보거나 자료가 필요할 때마다 담당자에게 자료를 요청해야 하는 상황이 발생하곤 합니다. 대답을 해주는 당사자의 입장에서는 같은 질문의 전화를 수십 차례 받을 수밖에 없는 입장이며, 전화를 걸어야 하는 직원은 정확하지 않은 정보에 답답함을 느낄 수밖에 없습니다.

또한 KMS를 시행하지 않은 상당히 많은 중소기업들은 공유된 네트워크 폴더나 백업시스템 등을 활용하지 않은 채 업무 관련 데이터를 개인PC에 보관하고 있는 것으로 나타났습니다. 이것은 업무데이터가 공유되지 않고 있다는 것을 의미합니다. 더욱이 데이터를 보유한 해당 직원이 회사를 떠나거나 노트북이 고장나게 되면 데이터 전체를 잃게 될 가능성이 크기 때문에 매우 위험합니다.

게다가 업무내용이 명시되어 있지 않기 때문에 특정 업무의 담당자가 누구인지, 혹은 누가 어떤 업무를 하는지 파악하기가 쉽지 않습니다. 또한 직원 대부분이 스마트폰을 보유하고 있는데도 스마트폰을 커뮤니케이션 도구로 사용하고 있는 경우도 희박합니다. 이렇게 되면 업무량 대비 직원 수가 적은 팀의 경우 걸려오는 전화를 응대하는 것만으로도 충분히 업무시간의 대부분을 소진하게 됩니다. 이러한 KMS부재로 발생하는 고질적인 문제들은 단기적으로는 업무의 효율성을 현저하게 떨어뜨리며 장기적으로는 회사의 성장가능성을 낮추는 요인이 되고 있습니다.

모범사례:
마힌드라 사띠암

인도의 IT기업인 마힌드라 사띠암의 경우, 우리나라 지식검색서비스와 유사한 K-Window와 전문지식블로그서비스인 Xpert를 운영하고 있습니다. 이 두 가지 서비스는 모두 제가 사띠암에서 근무하던 당시에 제작된 것으로 제가 직접 참여했던 프로젝트입니다. K-Window는 기본적으로 우리나라의 네이버 지식인 서비스와 유사합니다. 검색엔진을 기반으로 제작되었으며, 검색결과로 '어느 지사의 누가 어떤 프로젝트 관련 업무를 진행 중' 여부까지 모두 파악이 됩니다. 이렇다 보니 사띠암에서는 신입사원이 업무파악을 하거나 혹은 회사내의 이벤트 등을 알아보기 위해 선배들을 찾아다니면서 물어볼 필요가 없습니다. K-Window에서 검색하면 되니까요. 반대로 회사의 입장에서도 신규프로젝트에 적합한 인재를 찾는 데 용이해졌습니다. 전국에 흩어져있는 수만 명의 직원들 중, 정확히 어떤 분야에 경험이 있는 인재를 찾으려면 K-Window에서 검색해보는 것이 가장 빠르기 때문입니다.

X-pert는 K-Window와는 약간 성격이 다릅니다. K-Window가 회사 내에 보유중인 전반적인 지식을 검색하기 위한 엔진이라면 X-Pert는 사내에 보유중인 전문가들이 중심이 되어 운영하는 사내블로그에 더 가깝습니다. 그렇다고 블로그라고 해서 SERI(삼성경제연구소)처럼 기술적인 내용들이나 경영학적인 내용들만 올라오는 것은 아닙니다. 자신의 경험과 의견, 안건 등이 종합되어

읽을거리와 생각거리가 있는 글들이 꾸준히 업로드되고, 전 직원이 그 글을 구독하게 됩니다.

모범사례:
삼성SDS 아리샘

물론 국내에서도 충분히 사례를 찾아볼 수 있습니다. 삼성그룹의 KMS를 담당하기 위해 SDS가 개발한 아리샘 (ARISAM: Acknowledge Reusable Infomation in SAMsung)의 경우, 국내의 열악한 정보산업 환경을 극복하고 시장개방에 따른 선진업체 등과의 경쟁에서 우위를 점하기 위해 몇 명의 우수한 사원이나 경영진에게 기업경영을 의존하는 대신 직원 모두의 지식 및 노하우를 공유함으로써 기업 경쟁력을 극대화한다는 목표를 내세워 지난 1997년도에 개발되었습니다. 그러나 아리샘1.0은 삼성SDS측에서도 실패작이라고까지 할 정도로 제대로 운영되지 못했습니다. 그만큼 지식관리에 대한 직원들의 인식이 확고하지 않았고 지식공유에 대한 동기부여가 되어있지 않았던 것입니다. 이에 따라 직원들에 대한 설문조사를 전면적으로 실시하고 선진업체의 자료를 분석하여 시스템을 재설계 했습니다. 이렇게 새로이 탄생한 아리샘2.0에는 흥미로운 기능이 추가되었습니다. 직원들이 곤란을 겪는 사안을 아리샘 지식서비스에 올리면 관련 경험이 있는 다른 직원이 대답을 해줍니다. 네이버 지식검색서비스과 기본적으로 같은 패턴입니다. 이렇게 전달된 답변은 질문자에 의해 3단계로 평가를 받습니다. 그리고 그 결과에 따라1000~5000아르 정도를 포인트로 적립받습니다. 1아르는 1.3원 정도로 환산되며 현금과 동일하게 쓸 수 있습니다. 결국 삼성 아리샘이 고안해낸 방법은 동료직원들의 업무를 도와주고 자신의 능력을 인정받는 동시에 돈까지 벌 수 있는 일석삼조의 시스템을 구축해낸 셈입니다. 현재 아리샘에는 376명의 전문가가 활동중이며 경영 트렌드, 기술 팁, 업무, 이노베이터 등 4개 분야, 79개 세부 항목에 걸쳐 월 평균 3,000여 건의 신규 지식이 등록되고 있습니다. 또한 설문조사에서 85%의 임직원이 아리샘이 업무에 매우 도움이 되며 직원당 월 평균 12건의 지식을 업무에 활용하고 있다고 답했다고 합니다.

기타사례:
BP (British Petroleum)

BP의 경우 KMS를 위한 시스템을 전혀 구축하지 않은 상태에서도 KMS를 효과적으로 운영하고 있기로 유명한 기업입니다. BP의 경우, 데이터보다는 경험의 전파를 강조하고 있습니다. 예를 들어, 한 원유 시추 현장에서 경험하지 못한 심각한 장비문제가 발생하면 전 세계 원유시추현장을 화상회의로 연결합니다. 그리고 그 문제를 해결한 경험이 있는 기술자가 문제를 해결하고 그 방법을 공유하게 됩니다.

KMS, 어떻게 만들면 좋을까?

그렇다면 KMS를 어떻게 구축하면 좋을까요? KMS가 구축되는 기본적인 과정은 다음과 같습니다.

```
생성 → 수집 → 축적 → 공유
```

첫째로, 생성은 개개인이 자신이 알고 있는 지식이나 노하우를 글이나 그림, 사진 등의 자료를 동원하여 생성해내는 과정입니다. 머리로 알고 있는 지식을 글이나 그림으로 표현해내야 하기 때문에 가장 어려운 작업이기도 하면서 동시에 임직원 전체의 동의와 협력이 필요한 작업이기도 합니다. 둘째, 수집은 개개인이 생성해낸 자료를 모아서 DB에 저장하는 과정입니다. 이 과정에는 게시판이나 그룹웨어 등의 방법이 동원됩니다. 하지만 굳이 그룹웨어 등의 솔루션을 사용하지 않더라도 페이스북이나 트위터, 혹은 웹블로그등을 이용하여 자료를 보관할 수 있습니다. 셋째 축적은 수집된 자료를 의미가 있는 자료로 전환하는 과정입니다. 개개인이 자신의 의견이 담은 글을 단순히 DB에 남아놓기만 하면 그 중에는 가치가 있는 자료와 쓰레기자료가 섞여있을 수 있습니다. 따라서 이 자료들을 적절하게 분류할 수 있는 장치가 필요할 수 있습니다. 규모가 큰 기업의 경우 이 과정을 전담하는 부서를 별도로 운영하기도 합니다. 넷째, 공유는 자료의 중요도에 따라 적절한 접근 권한을 부여하여 관계자에게 공유하는 과정입니다. 특히 공유되어야 하지만 대외비로 설정된 자료들에 대해 접근 권한이 있는 사람들을 선별하여 권한을 설정해주는 단계입니다. 이미 언급했듯, KMS라는 것은 고가의 IT시스템이라기 보다는 지식을 공유하고자 하는 회사의 정책이나 의지에 가깝습니다. 삼성의 아리샘 1.0이 실패로 끝난 이유도 사실상 직원들의 참여를 이끌어내지 못했기 때문입니다. 아리샘의 사례로 볼 때, "우리의 실정에 맞는 시스템" 그리고 "직원들의 참여를 유도할 수 있는 시스템"을 구축하는 것이 가장 중요한 것으로 보여집니다.

그것을 해결하기 위한 방법은 여러가지가 있습니다. 우선, 삼성의 아리샘 2.0이 사용한 방법인 '지식공유에 대한 보상' 제도를 고려해 볼 수 있습니다. 직원들이 게시한 지식자료나 아이디어, 또는 질문에 대한 답변에 질문자와 다른 동료들이 평점을 매길 수 있도록 설계한 뒤, 그 지식의 가치에 대해 인센티브를 지급하는 방식입니다. 삼성의 경우, 건당 1,000~5,000아리(약 1,300~6,500원) 가량의 현금으로 쓸 수 있는 포인트를 지식 제공자에게 보상하고 있습니다.

이러한 방법은 네이버 지식검색과 유사한 방식의 Q/A 서비스와 연동되어 운영할때 효과를 발휘합니다. 하지만 그러한 방법이 오직 지식검색서비스에서만 작동하거나 또는 그러한 시스템을 구축해야만 하는 것은 아닙니다. 블로그를 활용하거나 심지어는 트위터 혹은 페이스북 등을 이용하는 방법도 있습니다. 예를 들면, 경영관리팀이 운영하는 블로그에 2012년 사업계획과 관련된 상세한 정보와 매뉴얼 등을 공유함으로써 관련 작업을 처리하는 직원들이 일괄적으로 상세정보와 함께업무처리 현황을 실시간으로 얻을 수 있게 됩니다. 삼성전자는 2006년부터 블로그를 통해 아이디어나 노하우를 공유하고 있으며, IBM의 경우 2006년 11월, 사내블로그로부터 신규사업 아이디어를 10개 획득했다고 발표하기도 했습니다.[14]

블로그를 커뮤니케이션 도구로 이용하는 방안의 장점으로는 팀별로 장문의 공지사항이나 알림글 또는 작업 매뉴얼등을 손쉽게 게시할 수 있다는 점이 있습니다. 또한 블로그의 성격상 자유로운 글쓰기를 허용하기 때문에 KMS나 인트라넷 등의 시스템보다 거부감이 적다는 장점도 있습니다. 단점으로는 게시물을 작성하는 데 시간이 많이 소요된다는 점입니다. 트위터를 사용할 경우, 짧은 내용의 공지사항 등을 게시하거나 관련자들에게 실시간으로 전송할 수 있다는 장점이 있습니다. 반면에, 트위터는 개방형 플랫폼이기 때문에 대외비 성격의 자료를 게시하기 어렵다는 단점이 있습니다. 성격이 다른 두 가지 플랫

14) http://www.ddaily.co.kr/news/news_view.php?uid=36441 참조

폼을 모두 만족하는 것은 페이스북의 그룹 서비스입니다. 그룹을 이용하여 관계자들만 선별적으로 받아들일 수 있으며, 장문과 단문의 내용을 모두 게시할 수 있습니다. 단점으로는 페이스북으로 로그인을 하지 않으면 게시물을 열람하기 어렵다는 점이 있습니다.

블로그나 트위터, 페이스북 등을 주요 지식공유와 커뮤니케이션 도구로 사용함으로써 발생하는 장점도 분명합니다. 예를 들면, 경영관리팀의 경우, "사업계획 전산입력이 안돼요!"라는 질문에 대해 "연도입력을 잘못하셨네요"라는 대답을 10건 넘게 응답해드린 기억이 있습니다. 이러한 Q/A 또는 사용매뉴얼 등이 웹에 게시되어 있다면, 같은 오류로 발생하는 건에 대해 일괄적인 응대가 가능해 집니다. 마찬가지로 다른 문제점에 대해서도 처리가 가능한 것입니다.

커뮤니케이션을 위해서 해당 담당자와 통화가 될때까지 전화를 걸어대는 방법 대신 사내 메신저 등을 이용하여 메시지 등을 남기는 방법을 이용할 수 도 있습니다.

또한 작업된 자료 파일을 모두 온라인에 보관하여, 자료가 공유될 수 있도록 하는 것도 중요합니다. (선별적 권한부여 필요) 하지만 무엇보다도 중요하고 우선적으로 처리되어야 할 사항은 바로 '매뉴얼제작'입니다. 갑자기 직원 중 누군가가 병가를 내거나 하는 등의 이유로 자리를 비우게 되었을 때, 누구라도 손쉽게 그 자리를 대체할 수 있으려면 상세하게 기술된 업무 매뉴얼이 필수적으로 필요합니다. 이 업무메뉴얼에는 단순히 처리해야 할 업무의 내용뿐 아니라 업무를 처리하면서 생각해보아야 할 문제들과 개인적인 노하우, 그리고 왜 이런식으로 작업이 처리되었는지를 알려주는 비하인드 스토리까지 담겨있으면 가장 좋습니다. 또한 매뉴얼과 업무일지에는 "이 정보를 누가 알고 있는가?"를 비롯하여, "왜 업무가 이렇게 처리되었는가?", "이 자료를 언제, 누가 만들었으며 가장 최근에 작업한 사람은 누구인가?", "이 작업은 어떤 식으로 처리하는 것이 가장 효율적인가?" 등등을 담는 것이 좋습니다.

충분히 꼼꼼히 작성된 업무메뉴얼이 어느정도 완성되면, 그것을 취합하여 전 임직원이 열람할 수 있도록 공유하고 서로의 커뮤니케이션에 활용될 수 있도록 지원해야 합니다.

결론적으로 보면, 지식관리시스템(KMS: Knowledge Management System)은 고가의 IT솔루션이라기보다는 회사의 정책에 가깝다고 볼 수 있습니다. 그리고 KMS는 개개인이 가진 지식과 노하우를 저장하고, 공유하여 결과적으로 임직원 간의 커뮤니케이션을 증진시켜, 업무의 효율성을 높이는 데 목적이 있다고 볼 수 있습니다. 흔히들 21세기 경영환경은 한 치 앞도 내다볼 수 없는 암흑이라고 표현합니다. 이러한 경영환경 때문에, 경영학자들은 위대한 리더의 존재를 더욱 부각하기도 하면서 동시에 지식경영 정책 없이 한 사람의 판단으로 경영을 이끌어가는 것이 얼마나 위험한 일인가를 돌아보기도 합니다. KMS는 개개인의 지식과 노하우를 교류하면서 그것을 기반으로 경영자의 결정에 도움이 되는 구조를 가지고 있습니다.

1. 주위를 둘러보면 거의 대부분의 회사들이 KMS를 가지고 있는 듯하지만 사실 많은 회사들이 그렇지 않습니다. 주변의 아는 회사들 중에서 KMS가 없는 회사의 사례를 찾아봅시다.

2. 우리 회사에서 15년째 일하던 회계팀 김 부장이 갑자기 회사를 그만두겠다고 합니다. 그런데 김 부장의 역할을 대체할 수 있는 사람이 없습니다. 어떻게 하면 좋을까요?

3. KMS를 도입하는 데 가장 필요한 것은 사람들의 의지입니다. 모든 사람들이 적극적으로 움직이게 하려면 어떤 방법을 써야 할까요?

Course 6

인사

"

"기업이 아무리 훌륭하다고 해도 결국 사람이 하는 것입니다.
직원들이 만족해야 기업이 성공할 수 있습니다."
그 교수는 인사자원관리과목이 진행되는 내내 '직원행복'을 강조했다.
심지어 나는 "저 교수는 전직 노조위원장이었던 건 아닐까?"라는 의구심마저 들었다.

"

Human
Resource

●●● "기업이 아무리 훌륭하다고 해도 결국 사람이 하는 것입니다. 직원들이 만족해야 기업이 성공할 수 있습니다." 그 교수는 인사자원관리과목이 진행되는 내내 '직원행복'을 강조했다. 심지어 나는 "저 교수는 전직 노조위원장이었던건 아닐까?"라는 의구심마저 들었다. 하긴 직원 복지가 뛰어나기로 유명한 스웨덴에서 인사 과목 교수라니…… 무리도 아니었다.

짐 콜린스(James C. "Jim" Collins, III)
미국의 경영컨설턴트. 주로 기업의 성장과 혁신에 관련된 논문을 발표함. 그의 저서 《좋은 기업에서 위대한 기업으로(Good to Great)》는 경영학도들뿐 아니라 일반 대중에게까지 널리 알려짐.

BEST FIT / BEST PRACTICE

'좋은 회사'를 넘어 '위대한 회사'가 될 수는 없을까? 짐 콜린스 Jim Collins는 그의 저서 《Good to Great(좋은기업을 넘어 위대한 기업으로)》라는 책에서 세계 500대 기업들의 공통점과 차이점을 비교분석 했다. 이 책에서 짐 콜린스는 위대한 기업을 만들기 위해 필요한 요소로 '뛰어난 CEO' 그리고 '인재'를 꼽았다. 뿐만 아니라 삼성의 이건희 회장도 "한 명의 천재가 만 명을 먹여 살린다"라는 말을 할 정도로 인재의 중요성을 강조했다. 그렇다면 뽑아놓은 인재를 어느부서에 배치해야 회사가 가장 잘 돌아갈까? 이에 대한 대답은 학자들마다 상이하게 엇갈려있다.

기업들은 인재를 채용한 뒤, 다양한 방법으로 훈련시킨다. 그런데 훈련을 잘 받은 인재들은 몇 년 지나지 않아 다른 기업으로 이직해버리고 만다. 그 인재는 앞서 다니던 회사에서 훈련받은 내용으로 다른 회사에서 열심히 일하고 있다. 마찬가지로 어떤 인재든지 제대로만 가르친다면 회사 내에서 똑부러지게 일하는 사원으로 만들 수 있다. 이러한 논리를 우리는 Best Practice라고 부른다. Best Practice 이론은 인재를 제대로만 가르쳐 놓으면 어느 부서에 데려다 놓아도 동일한 성과를 낼 수 있다는 주장을 전제로 시작한다.

하지만 정말 최적의 인재를 뽑으려면 애초에 채용할 때 그 인재가 우리 기업문화와 어울리는지, 그 사람의 꿈이 그사람의 직무내용과 일치하는지 검토하는 것이 중요하다. 이 논리를 Best Fit이라고 부른다. 한 마디로 말해서 Best Fit 이론은 한 사람이 모든 일을 할 수 있다는 논리(One size fits all)를 거부하는 것을 핵심으로 한다.

페퍼(1995)를 비롯한 몇몇 학자들은 "기업이 인재들의 역량을 조사하여 기업의 전략적으로 필요하며 일을 잘 할 수 있는 곳에 배치하고 훈련시켜야 한다"라고 주장했다. 하지만 맥두피(1995)는 "그렇게 하는 것은 사람들의 기본적인 성향을 무시하여 자칫 잘못된 결과를 불러올 수 있으므로, 기본적으로 인재들의 성향과 문화적 차이를 바탕으로 배치하여 최적의 업무 공간을 만들어야 한다"라고 주장했다.

페퍼와 맥두피의 주장을 좀 더 쉽게 파악하기 위해 다음의 사례를 살펴보자.

최근에 L기업에 입사한 신입사원 박 모씨는 영업일을 하고 싶어했다. 하지만 그의 수학적 재능을 알아본 김 사장은 그를 재무부에 배치하려고 했다.

"사장님 저는 영업일이 하고 싶어서 이 회사에 지원했습니다. 영업부에 배치해주세요."

"이보게 자네는 입사시험에서 1위를 했네. 자네 같은 인재가 영업부에 있는 건 국가적인 낭비지. 게다가 재무부의 평균임금이 영업부보다 두 배는 높은데 그래도 영업부로 갈텐가?"

"아, 그…… 그래요?"

결국 박 모씨는 재무부에서 근무를 하게 되었다. 결과적으로 박 모씨는 어떻게 되었을까? 사실 결과는 박 모씨 자신에게 달려있는 문제이기 때문에 여기에서는 크게 중요하지는 않다. 박 모씨가 재무부에 적응하지 못하고 회사를 그만두었을 수도 있고 아니면 역량을 최대로 발휘하여 정말로 훌륭한 인재가 되었을 수도 있다. 하지만 적어도 인재를 배치해야 하는 관리자의 입장에서는 어느정도 고려해볼 만한 문제이다.

특히 이번 과제는 나에게 무한도전의 유재석을 떠올리게 만들었다. 유재석의 인사방식은 독특하다. 한 번 들어온 팀원을 절대 버리지 않는다. 그 사람이 좋거나 싫거나 혹은 팀에 꼭 맞거나 안 맞거나 혹은 일을 잘하거나 못하거나에 상관없이 꾸준히 오래도록 함께 한다. 다른 사람이었다면 진작에 팀원을 갈아치웠을 것이다. 그런데 오래도록 함께 하다보니 팀원들이 눈빛만 보고도 서로의 마음을 읽는다. 눈빛만으로 서로의 행동을 읽어내는 팀원들은 재미없는 아이템을 가지고도 재미있게 풀어낼 수 있는 능력을 가지게 된다. 문제는 그렇게 되기까지 너무 오랜 시간이 걸린다는 점이다. 사람을 절대 버리지 않는 유재석의 리더십은 분명 칭찬받을만 하다. 다만 경영자인 우리로서는 생각해보아야 할 부분이 분명히 있다. 같은 팀원을 끝까지 고집할 것이 아니라 무한도전에 더 어울리는 팀원을 받아들였더라면 지금보다도 더 재미있는 무한도전이 되었을 수 있다는 반론이 분명히 제기될 것이기 때문이다. 여전히 이 문제에도 주장만 있을 뿐 정답은 없다.

1. 인재를 성향에 맞는 곳에 배치하는 것이 옳을까요? 아니면 역량에 맞는 곳에
배치하는 것이 옳을까요? 또 그 이유는 무엇입니까?

2. 우리팀에 들어온 천덕꾸러기 신입사원을 유재석처럼 오랫동안 참고 지켜보는
것이 나을까요? 아니면 빨리 내보내고 다른 사람을 고용하는 것이 나을까요?

Balanced Score Card

1992년 미국 하버드 경영대학원 로버트 카플란 교수와 데이비드 노턴에 의해 처음 제시된 BSC의 논리는 간단하다. "점수로 매기지 못하는 성과는 없다"는 것이다. 직원의 업무성과뿐 아니라 업무 태도까지도 점수화하여 측정한다. 예를 들어 TV판매 목표량 달성시 3점, 초과달성시 5점 이런식이다. 이것은 마치 중고등학교에서 지각 1회당 벌점 1점을 매기는 것과 유사하다. 모든 것을 숫자화하여 관리하기 시작하니 경영자 입장에서는 관리하기가 매우 수월한 것임에 틀림없다.

그런데 BSC에는 심각한 부작용이 있다.

첫째, 점수로는 정확히 성과를 알 수 없다는 점이다. 예를 들어 민수는 과수원에서 일하는데 매년 사과를 100상자씩 생산하고 있었다고 가정하자, 그런데 올해 흉년이 들어서 사과가 80상자만 생산되었다. 그러면 민수는 20상자만큼의 벌점을 받아야 하는 것일까?

둘째, 점수화할 수 없는 내용까지 점수로 매겨야 하는 점이다. 예를 들어 민수는 80상자만 생산이 될 것이라 생각하여 매일같이 물을 주고 비료도 많이 뿌렸더니 90상자가 생산되었다. 그럼 민수는 10상자만큼의 벌점을 받아야 하는 것일까? 아니면 10상자만큼 상점을 받아야 하는 것일까?

셋째, 점수로 매기는 항목에만 벗어나지 않으면 된다는 점이다. 예를 들어 흉년으로 90상자만 생산되었다는 것을 알게 된 민수는 옆 과수원에서 사과를 10상자만큼 훔쳐다가 100상자를 만들어 납품했다. 그럼 민수는 100상자를 모두 생산했으므로 상점을 받아야 하는 것일까?

BSC는 이미 많은 기업들이 성과측정의 한 방안으로 도입하여 사용중이다. 하지만 많은 경영학자들이 BSC를 이용한 성과측정에 대한 문제점을 지적하고 있다.

사람은 저마다 장점과 단점이 있다. 그것을 잘 파악하여 적절한 업무에 배치하는 것은 매우 중요하다. 누구나 이따금씩 '내 장점은 뭐지?'라고 고민하곤 하지만 사실 주변 사람들이 먼저 알아보기도 한다. 한 번은 친구가 나에게 말했다. "너는 창의력이 뛰어난 대신, 논리력이 약해. 그러니까 이론에 뛰어난 사람과 팀을 만들어야 해." 그 친구의 눈썰미는 상당히 날카로웠다.

1학년 과정 수업이 진행되면서, 교수들이 이론에 집중할 때 나는 팀 내에서 그다지 큰 힘을 발휘하지 못하고 수업을 따라가기 바쁜 학생으로 여겨졌다. 하지만 2학년이 되어 내용과 형식 면에 크게 자율성이 허용되기 시작하자, 내가 팀장을 맡거나 과제를 이끌어가는 등 역할비중이 높아지고 독특한 과제물을 제출하는 우리 팀이 높은 점수를 받는 빈도도 많아지기 시작했던 것이다.

교수님은 나에게 "그래서 스웨덴의 성적에는 P와 F만 있는 것"이라고 말한 적이 있다. 한두 가지 항목으로는 그 사람을 평가할 수 없다는 것이다. 그런 점은 분명히 우리나라의 줄세우기식 평가방법과는 사뭇 다르다.

기업의 직원 평가 방법도 마찬가지다. 분명 BSC식 성과측정방법은 관리하기에 용이한 점이 있다. 하지만 그것은 그 직원을 제대로 대변하지 못한다.

팀워크에 관해

애초에 같은 팀 / 같은 사람들과 두 번 이상 프로젝트를 진행하지는 않겠다고 생각했던 나는 팀이 새로이 구성될 때마다 가급적 이쪽저쪽으로 옮겨다녔다. 마음이 잘 맞는 팀이 구성될 때도 있었고, 그대로 프로젝트를 진행하기에는 너무 어려운 팀이 구성될 때도 있었다. 새로운 팀이 구성될 때마다 만나는 사람들이 달랐기 때문에 팀의 성격도 그때그때 새로이 조율해야만 했다. 내가 이곳에서 팀워크를 진행하면서 배운 것들이 있다면 그것은 '어떤 팀원과 함께 하느냐에 따라서 프로젝트 결과물이 달라진다'는 사실이다.

첫째, 팀원들의 마음이 잘 맞는다고 항상 결과가 잘 나오는 것은 아니다. 하지만 마음이 잘 맞지 않으면 좋은 재료를 가지고도 최악의 결과를 불러올 수도 있다. PM(Project Management) 과목을 진행할 때, 함께 했던 에릭이라는 친구가 있었다. 에릭은 다른 사람들과는 달리 이론을 매우 중시하는 경향이 있었고, 컴퓨터를 사용하지 않고 도서관에서 책을 뒤져 정보를 얻어내는 친구였다. 게다가 자신의 의견을 모두 공책에 꼼꼼히 적어왔기 때문에 서로의 의견을 인터넷으로 전송받아 노트북에서 바로 편집하고자 했던 우리로서는 여간 불편한 것이 아니었다. 하지만 어떻게든 토론을 진행할 수는 있었고 또한 팀원들의 인맥이 좋아 과제를 풀어내기 위한 인터뷰 자료가 뛰어났기 때문에 크게 개의치 않아도 된다고 판단했다. 하지만 그것은 착각에 불과했다. 모두 함께 작성한 과제의 원본은 사실 이론 30%, 인터뷰자료 30% 그리고 실증적 파트가 40% 정도로 균형을 이루고 있었다. 하지만 에릭은 이론의 비중이 많이 낮았던 결과물이 마음에 안들었던 모양이다. 기어이 과제 제출 전날 직접 밤새 과제를 편집하여 이론으로 90%가량을 채우고 나머지 파트를 대부분 삭제해 버린 것이다. 물론 이러한 상황을 파악하고 경악했을 때는 이미 제출이 끝난 뒤였고 우리 팀은 최고의 재료를 가지고 최악의 점수를 받은 최초의 팀이 되어버렸다.

둘째, 한 명의 팀원이 팀 분위기 전체를 흐릴수도 있다. 반대로 한두 명의 팀원이 팀 전체의 분위기를 살릴 수도 있다. 마케팅수업에 함께 참여했던 조니라는 친구는 어떻게 보면 약간 놀라울 정도로 적극적이고 매사에 자신감이 넘쳤다. 천성적으로 여유를 몸에 지닌 스타일로 모든일을 쉽게 진행하는 능력을 가지고 있었다. 수업시간 중간중간에 수시로 던지는 농담으로 딱딱한 수업이 한층 즐거워지는 것을 느낄 수 있었다. 하지만 매사에 진지하기 보다는 장난으로 쉽게 넘기려는 성향은 과제해결에 무리수가 될 수도 있다는 생각도 들었다. 반대로 프릭이라는 친구는 다른 사람이 제시하는 의견에 초지일관 "그건 이러러한 문제가 있어서 안돼"라며 부정적으로 반응하는 경향이 있었다. 그렇다고 딱히 쓸만한 의견을 제시하는 것도 아니었다. 만약이 우리 팀에 프릭이나 조니 둘 중 한 명만 있었다면 팀워크는 어떻게 되었을까? 다행히도 그 두 사람이 같이 있었던 우리 팀은 초기에는 충돌이 잦았지만 후에는 어느정도 원만하게 과제를 해결해낼 수 있었다.

셋째, 강한 팀장은 뛰어난 결과물을 만들어내기 위해 팀원들을 압박한다. 하지만 탁월한 팀장은 능력이 없는 팀원의 잠재된 역량을 이끌어낸다. 경영관리 과목 수업을 진행하던 도중 생긴 일이다. 다양한 팀원이 섞이다보면 능력이 뛰어난 팀원도 있고, 상대적으로 과제에 대한 이해도가 떨어지는 팀원도 발생한다. A팀의 팀장이었던 솔티는 자기 나라에서 국비 장학금을 받고 MBA에 지원한 학생이었다. 따라서 좋은 학점이 필요하다는 사실을 항상 인식하고 있었다. 때문에 좋은 결과를 만들어내지 못하는 팀원에게 상당한 무언의 압박을 가하는 편이었다. 때문에 솔티의 팀은 항상 좋은 결과물을 만들어 내곤 했다. 하지만 팀원들을 회유하거나 자극하는 리더십 방식보다는 압박하는 방식을 위주로 사용하여 팀원들이 스트레스를 견디지 못하는 경우가 종종 발생했다. 반면 B팀의 팀장이었던 베레나는 한 친구가 과제에 대한 이해도가 떨어지는 대신 디자인적 감각이 뛰어나다는 것을 파악하고는 팀원들의 과제수행 과정을 단계별로 세분화하여 '자료조사 → 1차조율 → 해결책 제시 → 2차조율 → 과제작성 → 최종편집 → 발표자료 작성'의 순서로 배치한 다음 그에게 과제의 최종 편집과 발표자료 작성 과정을 통째로 맡겨버렸다. 그 친구는 과제에 대한 이해도가 떨어졌지만 뛰어난 디자인 실력을 발휘하여 팀의 결과물에 상당히 기여할 수 있었다.

넷째, 능력이 없다고 비추어지던 팀원도 적절한 상황이 발생하면 강력한 통제력과 능력을 발휘한다. 사라는 언제나 자신의 의견이 없이 다른사람들의 의견을 따르던 수동적인 친구였다. 때문에 다른 팀원들도 사라가 팀의 과제해결에 크게 도움이 되지 않는다고 여기고 자기들끼리 과제해

결을 수행하곤 했다. 하지만 특정 안건을 두고 팀원들이 크게 충돌하기 시작하자 그제서야 사라의 역량이 발휘되기 시작했다. 그녀는 팀원들을 일일이 개인적으로 만나고 의견을 조율하여 합의된 결과를 도출시키는 데 성공했다. 사라는 팀원들의 조화를 이루는 데 뛰어난 역량을 가지고 있었던 것이다.

다섯째, 팀 분위기에 따라 능력이 탁월한 팀원이 힘을 아예 못쓰게 될 수도 있다. 한 번은 팀원 중에 영어가 약간 어눌한 중국인이 한 명 끼어 있었다. 나의 경우 이전 수업에서 그 친구와 함께 일을 해보았기 때문에 그 친구의 분석력과 사고방식이 탁월하다는 것을 이미 알고 있었다. 하지만 이번 수업에서 새로 만난 다른 팀원들, 특히 서양인들은 영어발음이 시원찮은 그 친구의 말에 귀를 기울이려 하지 않았고 결국 과제해결에 그 친구의 의견이 제대로 반영되지 않았다.

여섯째, 그런데도 사람들이 내 의견에 귀를 기울이지 않은 것은 전적으로 내 책임이다.

영어가 어눌한 중국인 친구가 교수를 찾아가서 불만을 쏟아냈다. "정말 좋은 의견이었는데 말입니다. 정말로 준비를 많이 해서 회의 시간에 발표를 했는데요. 거절당했어요. 심지어 제대로 듣지도 않았단 말입니다!" 그 말을 듣고 있던 교수가 되물었다. "회의 전에 사람들하고 이 의견에 대해 얼마나 이야기를 나눴죠?" 그 친구가 대답했다. "전혀 안했는데요." 그 교수는 그 친구의 의견이 채택되지 않은 것은 전적으로 그의 책임이라며 비판했고 그 친구는 그것을 듣고 있을 수밖에 없었다.

팀을 이루어서 함께 일하다 보면 다양한 사람이 섞인다. 그중에는 많은 내용을 알고 있으면서도 침묵을 지키는 스타일이 있는가 하면 아무것도 모르면서도 자기 주장을 끝까지 관철시키려고 하는 스타일이 있다. 결과물의 품질에 고집스러운 사람이 있는가 하면 결과물은 상관없이 팀원들의 자연스러운 조화에 초점을 맞추는 사람도 있었다. 팀으로 진행하는 작업은 무조건 만나서 함께 해야 한다고 주장하는 사람이 있는가 하면 결과물만 잘 나오면 되므로 각자의 집에서 작업하자고 주장하는 사람도 있었다. 팀워크라는 것은 이러한 사람들과의 조화이다. 성경말씀 중에 "합력하여 선을 이루라(롬 8:28)"라는 구절이 있다. 어쩌면 그것이 바로 이러한 내용이 아니었을까?

1. 팀장의 성향에 의해 팀의 분위기가 바뀌곤 합니다. 그리고 팀의 분위기가 바뀌면 팀원들의 행동패턴도 바뀝니다. 그러면 올바른 팀장의 역할이란 무엇일까요?

2. 잘못된 팀원 한 명이 팀의 분위기를 망칠 수 있습니다. 그럼 반대로 뛰어난 팀원 한 명이 팀의 분위기를 개선할 수도 있을까요?

스웨덴문화에서 리더의 역할은 어떠한가요?

다양한 문화가 섞여있는 집단이라 뚜렷하게 성향들이 드러나지는 않고 있습니다.

다만 모든 팀에서 공통적으로 나타난 현상을 말씀드리자면, 팀장이 일방적으로 의사를 결정하는 팀은 거의 없는 것 같습니다. 또한 반대로 팀이 결정한 일에 대해 문제가 발생했거나 결과가 안 좋을 경우, 팀장의 책임이 적은 편입니다. 아무래도 상하구분이 뚜렷한 집단이 아닌 같은 학생으로서 프로젝트를 진행하는 입장이다 보니 그러한 현상이 발생하는 것 같습니다. 때문에 팀원들은 일반적으로 회의에서 자신의 의견을 강하게 주장하곤 합니다.

그러면 만일 팀의 회의를 통해 어떠한 의견을 채택했는데요. 결과가 좋지 않게 나왔습니다.

그런데 그 회의에서 묵살되었던 의견이 좋은 의견으로 밝혀진다면 어떻게 될까요? 그것은 좋은 의견을 무시한 팀원들의 책임이 아닌, 좋은 의견을 더 강하게 밀어붙이지 못한 제안자의 책임이 됩니다. 그 의견을 더 강하게 주장하지 못했다 이거죠. 이러한 현상은 회사에서도 발생하는데요. 재미있는 것은 회의가 진행 중인 회의실을 밖에서 들여다보면 모두들 자신의 의견을 내놓기 때문에 사실상 누가 팀장인지 분간하기 어려울 정도라는 점입니다. 팀장이 거의 모든 의견을 내어놓고 팀원들은 듣기만 하던 동양권의 전통적 회의모습과는 사뭇 다른 모습입니다.

1. 스웨덴에서는 직함에 관계없이 업무관계가 평등하게 이루어져 있습니다. 반면 우리나라의 경우 명령체계의 수직하달 구조가 엄격합니다. 이 두 가지 구조의 장단점은 무엇일까요?

2. 평등구조에서 편안함을 느끼는 사람이 있는가 하면 수직구조를 편안하게 느끼는 사람도 있습니다. 여러분은 어떤 사람인가요? 사람마다 편안함을 느끼게 다른 것은 왜 일까요?

3. 평등구조와 수직구조를 원활하게 접목하여 장점만 뽑아낼 수 있을까요? 어떻게 하면 될까요?

Expatriation

직원 채용하는 일은 어느 기업에게나 쉽지 않은 일이다. 무엇보다도 인사관리의 관점에서 적절한 직원을 찾아내는 것이 쉽지 않다. 이것은 대기업에게도 마찬가지다. 우리 사무실에 100% 꼭 맞는 인물을 찾을 수 없기 때문이다.

아래의 사례를 통해 적절한 인사를 찾을 수 있는지 생각해보자.

> "과장님, 큰일입니다. 우리가 추진했던 중국기업으로의 아웃소싱을 본사에서 무효화시켰습니다. 대신에 ……."
>
> "대신에?"
>
> "중국정부가 참여하는 합작법인을 설립한답니다."
>
> "법인설립? 관리는 누가 하고?"
>
> "그게 말이죠……. 과장님께 파견할 관리자를 선정하라고 하시던데요."
>
> F기업의 인사과에서 근무하는 김 과장은 방금 그의 비서로부터 급한 전화를 받고는 머리가 아파지는 것을 느꼈다.
>
> 그의 비서로부터 전달받은 내용은 대충 다음과 같았다.

-중국 공장설립에 중국정부가 직접 지분으로 참여하며, 10년 단위로 합작계약이 갱신된다.

-설립되는 공장은 베이징 근교에 위치해 있지만, 대만 및 서울 본사와 긴밀히 연락을 주고 받아야 하므로 잦은 출장이 예상된다.

-새로 파견되는 관리자가 가장 먼저 신경써야 하는 업무는 '품질관리'이다.

"젠장, 복잡하군. 요즘에는 어느 누구 하나 특출난 사람이 없단 말이지……."
김과장은 독한 커피를 한 모금 들이키며 후보자 파일을 읽어내려가기 시작했다.

한상진. 대구 출생. 15세였을 때 중국 상하이로 3년간 유학. F기업에서 10년째 프로젝트 매니저로 근무 중. 근무 중 대만사무소를 포함, 다양한 중국기업들과의 관련 프로젝트를 성사시킴. 자녀들은 현재 대학생으로 별거 중.

임숙희. 서울 출생. 10세에 일본으로 유학. 일본과의 합작기업에서 뛰어난 성과를 보여 능력을 인정받음. F기업에서는 2년째 근무 중. 현재 자녀들은 3세, 5세임.

왕경훈. 북경 출생. 부모님의 국제결혼으로 태어난 이중국적자. 대학교까지 북경에서 졸업한 뒤, 관련 사업에 관한 연구 진행, 새로운 연구논문 발표. F기업에서는 5년째 근무 중. 최근에 관련 프로젝트 매니저로 승진됨. 부모님이 중국정부의 고위관료와 인맥이 연결되어있음. 현재 미혼.[15]

---

15) 《Quality compliance at the Hawthorn Arms》 (2004) Allen D. Engle, Sr.의 케이스2를 각색한 자료이다.

1. 중국에 어느 후보자를 보내는것이 좋을까요?

2. 그 후보자의 장점과 단점은 무엇이며 어떻게 단점을 보완할 수 있을까요?

위 케이스스터디에 대한 응답은 사실 학생들마다 다르게 표출되었다. 어떤 학생은 풍부한 중국프로젝트 경험을 살려, 한상진을 기용하기를 원했으며, 어떤 학생은 실력이 최우선이라며 임숙희를 선택했다. 사실 이번 케이스에서 어떤 사람을 최종적으로 선택했는지가 그다지 중요하지는 않다. 문제는 그 사람을 선택했을 때 발생하는 장단점과 단점을 극복하기 위해 무엇을 어떻게 지원해야 하느냐다.

Meredith Downers는 그의 논문, 〈Managing Overseas Assignments to Build Organizational Knowledge〉에서 해외관리자를 파견할때 검토해야 할 엄청나게 많은 변수들에 대해 열거했다. 그 변수들을 통해 그는 나이, 성별, 가족관계에서부터 시작해서 기업의 종류 및 정치적인 상황까지 중요하다고 강조했다.

비서가 전달해준 중국과의 합작법인 기업에 대한 내용에 의하면, 우선 중국정부가 직접 참여하기 때문에 중국정부와의 관계가 중요시될 수 있다. 그렇다고 직접적인 관계를 유지할 필요는 없지만 최소한 중국과의 문화적, 정서적인 충돌이 발생하지 않는 후보자가 좋다고 할 수 있다. 둘째로, 잦은 출장이 예상되므로 출장에 어려움이 발생할 가능성이 있는 가족을 보유한 후보자는 곤란할 수 있다. 셋째, 파견되는 관리자는 '품질'에 많은 신경을 써야한다. 따라서 생산하고자 하는 제품에 대해 잘 알고 있는 후보자가 바람직하다.

이러한 변수들을 모두 고려해본다면 아마도 다음과 같이 정리할 수 있을 것이다.

	한상진	왕경훈	임숙희
중국문화적응도	+	++	-
관리자경험	+	-	++
본사와의 관계 (근무일수)	++	+	-
기술이해도	+	++	+
가족관계(출장가능지수)	+	+	-
중국정부와의 관계	-	++	-
Total	6	8	3

　이와 같은 이유로 나는 왕경훈을 선택하기로 했다. 물론 이것은 고려해야 할 수많은 변수들 중 일부만을 발췌한 것이며, 상당히 많은 학생들이 다른 이유로 한상진이나 임숙희를 선택했다.

　파견된 이후에는, 합작기업의 문화를 셋팅해야 하는데 왕경훈의 경우에는 이미 중국인이나 다름없기 때문에 오히려 이 점에서 현지인 직원들과의 문화적 충돌이 발생할 가능성이 적으므로 적극적으로 중국인의 기업문화를 활용하는 편이 유리할 수 있다. 하지만 왕경훈의 경우 관리자로써의 경험이 거의 없기 때문에 파견전에 관리자가 되기 위한 약간의 훈련과정이 필요하다. 또한 파견된 기업에서 수행할 업무라든지 한국에 남겨지는 가족과의 문제 등에 회사가 적극 개입하여 사소한 문제로 인해 관리자의 역량을 발휘하지 못하게 되는 상황을 막아야 한다. 또한 수년간의 관리자직을 마친 이후에 다시 본사로 돌아올때 다시 한 번 문제가 발생하게 되는데, 한상진의 경우는 이미 F기업에서 장기간 업무를 진행했기 때문에 복귀도 빠르다. 하지만 왕경훈의 경우 5년이라는 비교적 짧은 기간 동안 본사에서 일을 했기 때문에 다시 서울 본사로 복귀할 때, 다시 문화적, 시스템적 장벽을 만나게 될 수 있다. 따라서 본사에서 제공할 수 있는 방법은 중국법인을 지속적으로 왕경훈에게 맡겨, 그곳에서 현지 관리자로 성장할 수 있는 기회를 제공하는 편이 낫다.

이렇게 해외관리자를 파견하는 과정을 Expatriation cycle이라고 부르는데, 보통 다음과 같은 과정을 거치곤 한다.

1. 과제 발생 / 과제분석

2. 후보자 선정

3. 후보자 훈련

4. 문화 및 관리자의 현지적용

5. 관리자의 현지 업무평가

6. 보상

7. 본사로 복귀

 생각해봅시다

1. 이 기업의 해외관리자로써 한상진이나 임숙희를 보냈을 때 어떤 장점과 단점이 발생할까요?

2. 1번의 선택을 보완하기 위해 어떠한 방법을 사용할 수 있을까요?

1학년을 마치며

한 번은 동아시아권 학생들끼리 모여있을 때 한국에 대한 그들의 생각을 물어보았다. 우리가 중국이나 일본에 가지고 있는 경쟁심리와도 같은 감정이 실제로 그들에게 보여지는 것과 다르듯이 그들도 우리나라를 향한 다른 속마음이 있을거라는 생각이 들었기 때문이다. 한국에 대한 그들만의 입장을 들어보고 싶었다.

나: 너희 나라 사람들은 한국에 대해서 어떻게 생각해? 그냥 솔직하게 말한다면

일본: 음, 한국이라……. 뭐, 그냥 음식 맛있고 연예인들 인기 많고…….

나: 에이, 그런거 말고 뭐…… 역사적으로 어떤 일이 있어서 좀 안 좋게 생각한다거나 아니면 한국 사람들이 잘 모르는 뭔가가 있다거나 그런 거 있잖아?

일본: 글쎄 내가 역사를 전공한 게 아니라 딱히 잘 모르겠는데, 뭐 굳이 예를 들자면……. 아, 혹시 그거 알아? 일본이 2차 세계대전에서 패하고 미국에게 항복했을 때, 미국은 일본경제를 두 번 다시 일어서지 못하게 완전 빗밟아 놓으려 했었어. 근데 때마

침 한국전쟁이 터진거야 ㅋㅋㅋㅋㅋ 미국이 일본을 짓밟기는커녕 원조해주는 상황이 발생했지. 그리고 일본은 한국에 무기 팔아먹으면서 성장할 기회를 얻게 된 거고.

중국: ㅋㅋ 그럼 일본은 한국전쟁 덕분에 살아난거네, 그거 재미있는 걸? 중국도 비슷한 경험이 있었거든! 1950년대에 집권했던 마오쩌둥(모택동)은 지금의 북한처럼 중국의 권력을 세습하고자 했었지. 그의 아들인 마오안잉은 마오쩌둥 못지 않게 멍청했었어! 마오안잉이 권력을 이어받을 가능성이 가장 높았었는데, 권력을 세습받기 전에 전적을 세우겠다며 6.25 전쟁에 나갔다가 죽었지! 중국 사람들은 모두들 그 사건을 완전 행운이라고 생각하고 있어. 덕분에 다른 사람들이 권력을 이어받게 되었고 장쩌민과 후진타오 등이 중국의 문호를 개방하고 대대적으로 개혁을 단행해서 결국 이렇게 발전시켜 놓았으니까 6.25 전쟁이 아니었으면 중국은 아직도 북한이나 별 다를 바가 없었을거야

대만: 맞아, 맞아. 너네는 한국한테 감사하게 생각해야 해 ㅋㅋㅋㅋ

중국: 뭐야, 대만도 비슷한 이야기 하나 있잖아

대만: ㅋㅋ 맞아. 6.25전쟁 직전에 대만은 중국과 독립전쟁 중이었어. 중국에서 마오쩌둥을 비롯한 공산당이 강세를 나타내기 시작하면서 민주주의파였던 장제석이 중국에서 쫓겨나 대만에 나라를 세웠는데 중국이 그걸 보고 있을 리가 없잖아. 그래서 군사를 있는 대로 모아서 대만을 치려고 오는 중이었지. 그런데 때마침 한국에서 전쟁이 났고 북한이 밀리는 거야. 그래서 중국이 생각하기에 북한이 우선이라고 판단했겠지? 그래서 중국

이 군사를 돌려서 북한에 보낸 거고 그동안 대만은 미국에게 손을 내밀어서 다행히 대만이 생존할 수 있었지. 아마 제대로 전쟁을 치렀으면 당연히 대만은 지금쯤 중국 땅이었을 걸?

중국: 그래서 중국 사람들 중 상당수는 아직도 대만을 중국 영토라고 주장하고 있지. 대만 사람들 중에서도 절반 정도는 그렇게 생각하고 있어

대만: 흥! 됐거든? 난 지금의 대만이 더 좋아.

중국: 누가 뭐래? ㅋㅋ

나: 이런 이야기는 모르고 있었어. 그럼 결국 한국전쟁이 일본, 대만, 심지어는 중국의 발전에까지 막대한 영향을 끼친 게 되어버렸네 ㅎㅎ

일본: 뭐 일반적으로 전쟁은 전쟁당사국에게는 막대한 피해를, 이해관계가 얽혀있는 주변국들에게는 막대한 이익을 가져다주곤 하지. 한국에서 전쟁 한 번 더 하면 어떨까?

대만: 난 찬성! ㅋㅋㅋㅋㅋ

나: 됐다. 그렇잖아도 요즘에 한반도에 시도때도 없이 전쟁분위기 감돌고 있거든?

중국: 아, 맞아. 나도 뉴스에서 읽었어. 이러다가 정말 한반도에 전쟁 나는 거 아냐?

대만: 근데 이젠 전쟁이 나도 며칠이면 끝날 것 같은데?

나: 누가 이길 것 같은데?

일본: 당연히 남한이겠지. 지금의 북한으로서는 남한하고 전쟁을 해도 게임이 안될 거야.

대만:	괜찮네 ㅎㅎ 그냥 확 전쟁해버려 ㅋㅋㅋㅋ
나:	이것들이 왜 자꾸 전쟁을 부르는 발언을 하고 난리야 ㅋㅋ
중국:	중국입장에서는 한반도의 전쟁을 아마 어떻게든 막으려고 할거야. 중국 입장에서는 북한이라는 나라의 존재가치가 꽤 크거든.
나:	중국이 왜 그렇게 북한에 관심을 갖는 건데?
중국:	간단해. 일단 중국은 미국과의 직접 대면을 피하고 싶은 거야. 지금 남한에 미군이 주둔하고 있잖아. 만약에 한국이 통일되어서 군사적으로 미국의 세력과 중국이 직접 국경을 맞닿게 되면 당연히 서로 견제할 수밖에 없게 되겠지. 중국은 군사력을 계속 키워나가려고 하는데 거기에 미국이 제동을 걸 만한 건수를 미리 방지하는 거야. 아마도 남한에서 미군이 철수하지 않는 한 중국은 계속 한국이 통일하려는 것을 방해하려고 할걸? 게다가 현재로서는 중국에게 북한은 그 자체로 자산이나 다름없거든. 북한에 매장된 천연자원도 중국이 많이 가져다 쓰고 있지만 시장으로서의 역할도 적지 않지. 지금 북한 내에 통용되는 물자의 99%가 중국산이라는 건 알고 있지? 그만큼 중국이 북한을 지원해준다고 하고 있지만 그게 거저일 리는 없잖아? 북한으로서는 정권의 유지에 필요한 만큼 우리가 지원해주고 있는 셈이지만 우리로서는 김정일을 이용하고 있는 거야. 그런데 만약 남한과 북한이 전쟁을 통해서 바로 통일을 해버린다면, 중국은 그 자산을 잃게 되는 거거든. 중국으로서는 어쨌든 그다지 달갑지 않은 소식임에 틀림없지. 그러니까 중국은 한반도에서의 전쟁을 반대하는 것으로 인해서 평화유지에 대한 도

덕성과 북한이라는 자산의 유지, 게다가 자국주변정세의 안정까지 챙기는 거지.

나: 역시 넌 정치에 관심이 많은 애라 아는 게 많구나 ㅋㅋ 중국 정치인들은 전략적으로 계산해서 행동한다고 들었는데 그정도일 줄은 몰랐어. 너희 나라 사람들은 어떻게 생각해?

일본: 우리나라의 경우, 북한한테 당해온 게 좀 많지. 최근에도 납북자문제로 골치아프기도 한데다 일단 일본 주변에서 북한은 유일하게 위협이 되는 존재거든. 만약 북한이 사라져 준다면 우리한테야 고마운 일이지.

나: 근데 한국이 통일되면 더 강해질 거고 그것도 일본에게는 위협이 아닐까?

일본: 통일한국이 더 강해질런지는 모르겠지만 그게 두려울 만큼 일본이 멍청이들은 아니거든! 일본이 지금 한국을 두려워하는 것은 한국기업들이 일본기업들보다 일을 잘하고 있기 때문인 거지, 한국 자체가 강한 건 아니잖아. 난 오히려 반대로 생각해. 만약에 통일이 되면 우리는 당연히 한국에 엄청나게 투자를 할 거고 한국경제가 안정되기 시작하면서 아마 통일된 한국 덕분에 우리가 덩달아 부자가 되겠지. 게다가 한국이 전쟁을 하면 자위대를 군대로 변경할 좋은 기회이기도 하고…….

대만: 오~ 그거 괜찮은데? 통일되면 평양 주변에 땅 좀 사야겠어.

중국: 땅보다는 광산을 사두는 게 좋을 거야. 지금 중국정부가 광물자원에 대해 수출을 제한하기 시작했어. 조만간에 기초자원 가격이 뛰기 시작할테니까. 아마 광산이 더 돈이 될 거야.

나: 글쎄…… 통일이 된 상황에서는 아마도 땅이고 광산이고 정부
　　가 모두 통제하려고 할 것 같기는 한데……. 어쨌든 대만에서
　　는 어떻게 생각해?

대만: 글쎄 대만이 한국이 전쟁하는 것에 대해서 크게 반대해야 할
　　이유는 없다고 생각하는데? 음…… 한국이랑 대만은 어떻게 보
　　면 경쟁자의 입장이니까. 이렇게 생각할 수는 있겠다. 일단 한
　　반도가 전쟁을 하고 또 통일을 하게 되면 일단 한국의 경제가
　　한동안 마비되겠지? 그럼 대만기업으로서는 한국기업을 넘어
　　설 찬스가 되는거지 ㅎㅎㅎ

나: 하여튼 다들 은근히 잔인하다니깐 ㅋㅋ 아 참, 한국에서는 얼
　　마 전에 간도에 대해서도 말이 많았었어. 그건 분명 우리땅인
　　데 중국이 자기네 역사로 가져가네 어쩌네 하면서…….

중국: 아, 그 땅은 발해가 무너진 다음에, 청나라 사람들이 생겨난 기
　　원이 된 땅이거든. 그래서 청나라는 그 땅에 어떠한 군사나 사
　　람들도 없이 그냥 빈 땅으로 놔두길 원했었어. 그래서 아무도
　　못들어가게 명령을 내렸었는데, 그게 조선에도 이야기해야 한
　　다는 걸 몰랐던 거지. 그래서 그 당시에 간도에 거주하던 사람
　　들은 전부 조선인이었어. 그런데 청나라는 그걸 모르고 있었으
　　니까 군사동원을 할 생각도 못했던거지 ㅋㅋㅋㅋㅋ 청나라가
　　청국 사람들 못 들어가게 하는 사이에 어쩌다 보니 간도지역에
　　조선인들만 거주하고 있었으니 지금에 와서 역사문제가 생겨
　　버린거야.

나: 발해땅이 청나라의 기원이라고? 뭐야. 그럼 어떻게 보면 고려인

이 청나라의 기원이 되는 셈이네?

중국: 어떻게 보면 그런셈이지. 한국인이랑 중국인은 생김새가 많이 비슷하잖아. 일본인은 많이 다르지만.

나: ㅎㅎㅎ 글쎄 이 이야기를 한국인들이 뭐라고 받아들일런지 모르겠다. 만약에 한반도에서 전쟁이 나면 어떤 시나리오대로 흘러갈 것이라고 생각해?

일본: 일단 전쟁이 나면 일본은 무조건 군사 보내겠다고 그럴것 같은데? ㅎㅎ

대만: 막상 전쟁을 하면 당연히 남한이 유리하겠지만 중국이 변수란 말이지.

중국: 전쟁이 날 가능성은 없다고 생각해. 중국정부가 원치 않기 때문이야. 막상 한반도에 전쟁이 나려고 하면 중국이랑 러시아가 그걸 가만히 보고 있지는 않겠지? 생각해 봐. 중국과 러시아는 UN의 상임이사국이야. 전쟁이 나려고 하면 UN에 제소해서 UN연합군을 남북한 중간에 배치해버리면 전쟁을 하고싶어도 못하게 되는 거니까. 전쟁을 막기 위해 UN연합군을 파병하자고 주장하고 상임이사국 다섯 나라 중에 두 개 나라가 이미 찬성하는데 미국이 그걸 반대할 이유를 찾기는 힘들 거고. 게다가 미국도 속내로는 한국의 통일을 원치 않는단 말이지. 만약에 한국이 정말 통일을 하길 원한다면 일단 미군을 철수시켜야 해. 그러면 아마도 중국도 크게 반대하지는 않을거야.

대만: 하여튼 어딜가나 니가 문제야 ㅋㅋㅋㅋ

중국: 내가 뭘 어쨌다고!

나:	미군을 철수시키기에는 얽혀있는 문제가 너무도 많아. 치안 불안해져 경제 후퇴해 결과적으로 통일 못해. 남한으로서는 최악의 시나리오로군.
대만:	오예! 바로 그거야 우리가 원하던 거야 ㅋㅋㅋㅋ 전쟁해버려! 그 사이에 우리는 남한 경제 따라잡을 테니까
일본:	혹시 무기 필요하면 말해 ㅋㅋㅋㅋㅋㅋ
모두들:	ㅋㅋㅋㅋㅋㅋㅋㅋㅋㅋㅋㅋ

사실 다들 웃자고 하는 이야기고, 정치인들이 아닌 일반 유학생들의 대화이다. 현실성과는 다소 거리가 있기는 하지만 이들과의 대화는 주변 국가들의 한국에 대한 이미지를 느끼기에는 충분했다. 주변국들이 가지는 한반도의 통일에 대한 시각은 다들 다르다. 하지만 공통적인 점은 다들 자기 이익에 따라서 행동하고 있다는 점이다.

중국인들이 한국인을 낮추어 부르고자 할때 '몽둥이'라고 부른다고 한다. 왜일까? 우리가 중국인을 떼놈 이라고 부르는 이유와 비슷하다.

일본 강점기때, 일본인들은 엄청난 숫자의 한국인들을 잡아다가 중국 점령에 동원했다. 하지만 독립심 강한 한국인들에게 총을 주는 것이 위험하다고 판단한 일본인들은 한국인들에게는 몽둥이만 쥐어주고 전쟁에 내보냈다고 한다. 그 결과, 중국인들의 시각에 "저기 몽둥이들이 온다!"라는 비아냥이 생겨난 것이다.

수업준비

친구: zeki야~ zeki야~ 내일 수업준비 논문 읽으러 같이 도서관 가자. 오늘 읽을 거 양이 조금 많대.

나: 그래? 얼마나 되는데?

친구: 교과서 150페이지하고 논문 28개.

나: 응? 오늘 읽어야 할 부분이 어디라구?

친구: 교과서 챕터 3 ~ 9까지 150페이지랑 논문 28개라고.

그냥 교수들이 알아서 다 설명해주는 한국의 대학이 그립다······. 당연하다는듯이 아무렇지 않게 받아들이는 아이들······. 한국에서의 학교는 정말 편한 거였다.

Course 7

경영전략

"

여러분이 전략을 생각할 때 가장 먼저 해야 할 일은 생각을 뒤집는 겁니다.
너무 한쪽으로만 바라보고 상식적으로만 생각하면 오히려 아무것도 보이지 않게 됩니다.
ROE분석 후, 성장가능성이 큰 시장에 진입하느냐 혹은
성장가능성이 거의 없는 시장에 진입하느냐는 전적으로 전략적 결정에 달려있는 것입니다.
가능성이 큰 시장에 진입하여 경쟁하는 것보다는
작은 시장을 독점하는 것이 오히려 수익성이 나을 수도 있습니다."

"

Strategy

나와 유난히도 친하게 지내던 그 선배는 내가 2학년이 되자마자 한 걸음에 달려와 축하해주었다.

나 : "선배님, 졸업 축하드려요!"

선배 : "이제 너도 2학년이 되었네? 아마 2학년부터는 훨씬 더 바빠질 거야. 하하하."

나 : "그래요? 어떻게 바빠지는데요?"

선배 : "읽어야 될 교재들이 너의 시간을 다 빼앗아갈 거야. 그리고 숙제들은 그 나머지 시간도 다 빼앗아갈 거고. 기대해도 좋아!"

으, 으헉!

이미 1학년을 겪어본 나로써는 그 농담같은 격려(?)가 허튼소리가 아님을 본능적으로 알고 있었다.

나는 사악한 미소를 지으며 "열심히 공부해보라"고 응원해주는 선배의 얼굴에 뭐라도 던져주고 싶었지만 그냥 웃어 넘길 수밖에 없었다.

전략이라는 과목은 지금까지 배운 다양한 과목들의 완결편이었다. 전략과목은 마케팅뿐 아니라, HRM, Finance 등등 모든 부분적인 상황을 아우르는 폭넓은 지식을 요구했다.

"오늘부터 여러분은 전략과목을 공부하게 됩니다. 여러분이 전략을 생각할 때 가장 먼저 해야 할 일은 생각을 뒤집는 겁니다."

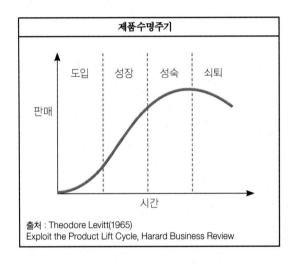

제품수명주기

도입　성장　성숙　쇠퇴

판매

시간

출처 : Theodore Levitt(1965)
Exploit the Product Lift Cycle, Harard Business Review

교수는 제품수명주기 그래프[16]를 모두가 볼 수 있도록 칠판에 크게 그렸다. 그 그래프에는 도입 / 성장 / 성숙 / 쇠퇴 라고 쓰여 있었다. 이윽고 분필을 내려놓은 교수가 물었다.

"대부분의 산업은 이 제품수명주기에 따라 태어나고 쇠퇴의 길을 걷습니다. 이 그래프가 의미하는 것이 무엇인지는 이미 다들 알고 있을 거라

---

16) 어떤 한 제품이 개발되어 시장에 소개되었을 때 기술의 발전 그리고 시간이 지남에 따라 그 제품의 판매율이 변하는 모습을 표현한 그래프.

생각합니다. 그럼 여러분은 이 그래프 중 어느 단계에서 투자를 하시겠습니까?"

강의실에 있던 대부분의 학생들이 도입단계에서 투자를 하겠다고 응답했고 몇몇 안정지향적 성격을 지닌 보수적인 학생들은 성장 또는 성숙단계에 투자를 하겠다고 대답했다.

"왜 도입단계에서 투자를 할 생각을 했죠?"

"음…… 산업이 막 생겨났고 성장가능성이 무한하기 때문입니다. 게다가 가장 먼저 시장에 진입하면 선점효과도 있을 거고요. 막 시작한 산업이라 쇠퇴기가 오기까지 꽤 시간이 걸릴 테니까요. 어느정도 시장성이 보이는 산업이라면 적어도 망할 일은 없겠죠."

"음, 글쎄요……. 과연 망할 일이 없을까요?"

제품이 도입되기 시작할 때는 기술면으로 또한 시장성면에서도 불안정한 단계이다. 인터넷이 막 도입되었을때 상당히 많은 인터넷 기업들이 생겨났고 그중 대부분은 현재 사라진지 오래다. 중국의 문호가 막 개방되었을 때 공장을 이전한 중소기업들 중 현재까지 살아남은 기업들은 10%가 채 안 된다. 특징이 아직 파악되지도 않은 산업에 무턱대고 뛰어든 탓이다. 통계적으로 볼 때, 산업이 도입단계일 때 뛰어든 기업의 99%가 망했다. 이러한 현상을 Early Shakeout이라고 한다.

우리나라 서점가를 점령하고 있는 대부분의 경영관련 서적들은 '남들보다 먼저 하라'고 강조한다. 모험을 감행하면 산업의 표준을 지정하는 등 선점효과를 얻어낼 수도 있다. 하지만 때로는 선점효과가 오히려 독이 될 때도 있다. 내가 공을 들여 개발한 산업표준으로 경쟁자가 이득을 취하는 일이 비일비재하다. (물론 아예 모험 자체를 하지 않으면 아무것도 얻지 못한다.) 아무도 가지 않은 길을 개척하면서 어디로 가야할지, 무엇을 해야 할 이지 안다는 것은 그만큼 힘든 일이다.

Shilling, A, Gary는 〈First Mover disadvantage〉(2007)라는 논문을 통해 후발주자들이 시장을 선점한 기업들의 효과를 어떻게 활용하는지 잘 보라고 강조했다. 마이크로소프트는 시장의 선취자가 되지 않아서 성공한 대표적인 기업 중에 하나다. X-BOX, Windows, Office등 마이크로소프트가 판매하는 제품들 중 어느것도 마이크로소프트가 가장 먼저 개발한 제품은 없다. X-BOX는 일본의 Playstation을 모방한 제품이며, Windows는 Apple의 OS/2를 배껴 만든 제품이다. Office 역시, 이전에 Lotus 또는 1-2-3등의 다양한 제품이 출시되어 있었다. 우리나라에서도 LG전자나 현대자동차 등이 Late moving전략을 사용하기로 유명한 기업이다. LG는 차세대 기술의 개발을 완료하고 나서도 시장으로의 도입을 지연시킨다. 삼성이 동일 제품을 최초로 시장에 발표하면 그 반응을 보고 고객의 불만사항을 보완한 제품을 내어놓는 것이다. 또한 삼성전자 역시 새로운 시장을 창출하거나 경쟁방식을 혁신하기보다는 기존의 시장에 자금을 집중하여 경쟁력을 확보하는 방식의 Late Moving 전략을 사용하는 편이었다. 반면 면도기 제조업체인 질레트 또는 3M, 구글, Apple 등은 끊임없는 자기혁신으로 First moving을 고수하고 있는 기업이다.

"저는 당연히 가장 먼저 하는 것이 항상 좋을 것이라고 생각했어요."

"너무 한쪽으로만 바라보고 상식적으로만 생각하면 오히려 아무것도 보이지 않게 됩니다. ROE분석 후, 성장가능성이 큰 시장에 진입하느냐 혹은 성장가능성이 거의 없는 시장에 진입하느냐는 전적으로 전략적 결정에 달려있는 것입니다. 가능성이 큰 시장에 진입하여 경쟁하는 것보다는 작은 시장을 독점하는 것이 오히려 수익성이 나을 수도 있습니다."

그 교수는 눈앞에 보이는 모든것을 뒤집으라고 강조했다.

또 한 번은 BCG의 Growth-Share Matrix를 보며 그 교수가 말했다.

"여기(박스 안)에 왜 선이 있는 걸까요? 누가 선을 그린 거지요? 선이 다르게도 생길 수 있지 않나요? Dog 으로 산업이 진입하면 폐기할 생각만 하나요? 그 산업에 뭔가 첨가하면 다시 Star가 되지 않을까요?"

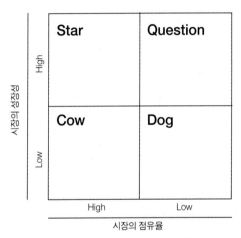

Boston Consulting Group, Growth-Share Matrix

우리가 사용하고 있는 대부분의 법칙은 깨어진 지 오래다. 또 다른 예를 하나 들어보자. 80:20 법칙은 20%의 고객이 80%의 매출을 올린다는 통계자료를 통해 나온 주장으로 대부분의 유통관련 업종에서 유효하며, 백화점들이 VIP고객만을 특별우대하도록 만든 장본인이다.

하지만 이 법칙마저도 깨졌다. Chris Anderson은 지난 2004년, 인터넷 서적쇼핑몰 Amazon.com을 연구한 끝에 Long tail이라는 법칙을 발표했다. 〈Long tail〉은 20%의 인기품목이 올리는 매출보다도 80%의 비인기 품목이 올리는 매출액이 훨씬 많아지는 현상으로, 품목의 카테고리가 잘 정리되어 있고 또한 다른 고객으로부터의 평가 댓글이 활성화되었을 때, 비인기 품목 또한 잘 팔릴 수 있다는 주장을 담은 논문이다. Chris Anderson에 의하면 Amazon.com의 경우, 비인기 서적의 매출액이 전체 매출액의 60% 이상을 차지하여 80:20 법칙이 더이상 유효하지 않게 되었다고 한다.

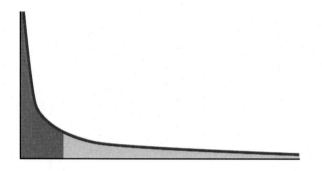

출처: Anderson, C. (2004) The long tail, Weird Magazine, issue 12.10

기존에 공부했던 모든 이론들을 엎어놓고 다시 시작하는 것. 그것이 이곳에서의 전략 수업의 시작이었다.

스웨덴의 제지회사 SCA

전략과목의 수업이 시작되자마자, 교수는 스웨덴의 제지회사 SCA의 기업 보고서(Annual report)를 분석하여 어떠한 전략을 사용하는지 조사하고, 그들에게 어떠한 경영학적 조언을 할 수 있을지 제시하라는 내용의 과제를 부여했다.

SCA는 유럽에서는 독보적인 1위를 차지하고 있으며 킴벌리의 뒤를 이어 세계에서 세 번째로 큰 제지회사이다. 분석대상이 세계적인 대기업이라는것을 알았을 때, 그리고 과제해결에 무려 일주일이라는 긴(?) 시간을 할애받았을 때, 직감적으로 이번 과제가 결코 쉽게 해결될 과제가 아니라는 것을 느꼈다. 조언을 하자면 분명 무언가 경영학적 오류가 있거나 아니면 더 나은 경영을 위해 제안할 수 있는 부분을 찾아내야 하는데, 유럽 내 1위인 기업을 컨설팅하겠다고 덤빈다 한들 과연 회계보고서만으로 무언가를 찾아낼 수 있을지 의문스러웠다. 게다가 온라인에 공개한 보고서는 죄다 좋은 말들만 써 있을 것이 뻔했기 때문이다. 그렇다고 시작도 하기 전에 좌절부터 할 수는 없기에 우리는 일단2005년도 경영보고서부터 최근의 보고서까지 책상 위에 무작정 늘어놓고 닥치는 대로 분석하기 시작했다. 숫자란 숫자는 죄다 모아 그래프로 그려보았고 연도별로 정리해보았다. 그리고 심지어는 경쟁회사인 Kimberly-Clark의 회계자료도 구해 비교하기 시작했다. 아무리 뒤적여보아도 별다른 내용이 나오지 않아서 한참을 끙끙대고 있는데 한 명이 말했다.

"엥? 계열사 중 한두 개는 망해가는데?"

"어? 정말?"

"이거 봐봐. 보고서에는 판매량이 조금씩 늘어나고 있다고 하고 있지만 마진을 따지고 나면 이야기가 달라져. 판매량에 비해 수익률이 지속적으로 감소하고 있어. 왜 그런 거지?"

"음, 아마도 그 산업 자체가 그런거 아닐까?"

"맞아, 이 산업 자체가 죽어가고 있는것 같아. 그러니까 판매량은 꾸준한데 수익률이 줄어들고 있지. 그건 다시 말해 비용싸움을 하고 있다는 이야기잖아."

"그렇지 않으면 뭔가 이 회사의 비용구조에 문제가 있다는 이야기가 되겠지"

"이 계열사의 구체적인 성장목표가 '현재 수준을 유지하는 것'이라고 하는 거 보니까 산업 자체가 성장가능성이 없는 모양이야."

그래서 우리는 계열사들의 수익률을 정리하여 BCG MATRIX에 올려보았다. 확실히 계열사들 중 두 개가 COW와 DOG 사이에 자리잡고 있었다. 반면 한 개는 확실하게 STAR였고 다른 하나는 STAR라고 하기에는 불확실성이 높다고 판단하여 Question 위에 배치했다.

"좋아. 대충 어떻게 분석하고 뭘 물고 늘어져야 할지 감을 잡은 것 같으니까. 이걸 분야별로 나누어서 찾아보자. 이 회사의 허점을 찾아보자고!"

꽤 많은 시간이 흐르고 우리가 가져온 결론은 다음과 같았다.

SCA는 스웨덴에 본사를 두고 있는 글로벌 제지기업으로 혁신이나 마케팅, 전략 등의 전반적인 기업운영이 상당히 우수한 편이다. 하지만 첫째로, 브랜드가 너무 취약하다. 경쟁회사인 Kimberly-Clark는 물건의 대부분을 자체 브랜드로 판매하고 있다. 하지만 SCA가 생산하는 제품의 55%는 RB (Retailor's Brand - 대형마트 등에서만 사용하는 브랜드)로 생산되고 있었다. 같은 물량을 판매했을 때 브랜드에 의해 생기는 수익의 차이는 결코 적지 않다. 실제로 우리가 Kimberly-Clark과 SCA의 휴지산업 보고서를 비교해본 결과, 양사에서 판매량에 큰 차이는 없었지만 결과적으로 순이익에서 Kimberly-Clark는 19.1 M\$, 그리고 SCA는 12.1 M\$으로 무려 7백만 달러나 차이가 나고 있었다. 둘째, 시장과 생산기지가 너무 유럽에만 국한되어 있다. 스웨덴은 세계적으로도 자연보호에 노력을 많이 기울이는 국가 중 하나이다. 게다가 추운 날씨 때문에 나무가 자라는 데도 시간이 꽤 오래 걸린다. 나무를 베어 제품을 생산해야 하는 입장에서 비용이 많이 들어갈 수밖에 없다. 생산기지를 남미와 같이 비용이 적게 드는 곳으로 이전하는 것을 적극 고려해야 한다. 또한 경쟁사에 비해 시장이 유럽에 지나치게 국한되어 있었다. 유럽에서는 단연 1위를 하고 있었지만 북미시장의 경우에는 시장점유율이 고작 20%뿐이었고 아시아에는 아예 진출조차 되지 않은 상태였다. 판매율의 신장을 위해서는 아시아 등으로의 진출을 적극 시도할 필요성이 있다고 판단된다. 셋째, SCA는 고객에게 꼭 필요한 신제품을 개발하기 위해 고객의 목소리를 많이 듣는 편이다. 그런데도 그동안 특출난 제품을 출시하지 못했다. SCA가 밀고 있는 대부분의 제품들은 안타깝게도 경쟁사도 생산하고 있는 제품들이다. 이러한 환경에서는 SCA가 절대로 Kimberly-Clark의 브랜드가치를 따라잡지 못한다. 고객의 잠재적 욕구를 더욱 세밀하게 분석하여 경쟁사가 미처 출시하지 못한 더욱 특별한 제품을 출시해야 한다.

1. 환경을 우선시할 수밖에 없는 SCA가 제지업으로 매출을 더 늘리려면 준비할 것이 많을 것 입니다. 무엇을 준비해야 할까요?

2. 나무를 베어 종이를 만드는 제지업은 환경문제를 생각하면 분명히 한계가 있는 산업입니다. 환경보호를 위해 제지산업을 충분히 대체할 수 있는 방법이 있을까요?

일본의 자동차회사 도요타

제지회사 분석과제를 간신히 마친 우리팀은 간신히 한숨을 돌리고 있었다. SCA를 분석하기 위해 우리 팀원들을 사업보고서를 읽고, SCA본사에 전화하고 방문하여 인터뷰를 듣는 과정을 수차례 반복했다.

물론 전문 경영컨설턴트에 비해 결과물은 보잘 것 없기는 했지만 "내부 정보를 얻을 수 없는 상황에서 이정도 했으면 잘한 거야"라며 스스로 위안삼고 있었다.

그런데 학교 측에서 메일이 날아왔다.

"여러분 과제하시느라 수고 많으셨습니다. 이번에는 도요타의 하이브리드 자동차를 분석하여 그들의 전략이 제품과 경제에 미친 영향을 조사하고 그들에게 어떠한 경영학적 조언을 할 수 있을지 제시하시면 됩니다."

"허걱, 또 컨설팅 숙제다."

"먼저번 SCA는 그나마 제지업에선 세 번째 회사였지. 이번엔 자동차 중에 1위기업이야……."

"아니, 1위기업에게 무슨 조언을 제시하라는 거야!"

"글쎄? 월급 잘 주라고 하면 되나? 하하하. "

"그거 괜찮은데? 하하. 그나저나 뭔가 나오기는 하려나 모르겠다. 하아……."

도요타 자동차가 자동차 산업에 미친 영향은 크게 두 가지로 분류된다. 첫 번째는 하이브리드 자동차의 개발이고 두 번째는 도요타식 생산방식 (TPS)의 보급이다.

도요타는 하이브리드 자동차 개발을 위해 1990년부터 지금까지 연간 수십억을 쏟아부었다. 덕분에 도요타는 한동안 적자행진을 면치 못했다. 하지만 아마도 그 결정이 도요타가 내린 최고의 결정이었을 것이다.

1990년 당시 업계 5위 수준이었던 도요타를 단번에 1위로 올려놓았으니 말이다. 그렇다고해서 도요타의 하이브리드 사동차가 출시되자마자 바로 잘 팔렸던 것은 아니었다.

사실은 아직까지도 적자를 면치 못하고 있다.

도요타가 적자를 감수하면서까지 하이브리드 자동차에 목을 매는 이유는 간단하다.

첫째로, 곧 다가올 석유고갈시대에 대비한 대체에너지 자동차를 위한 시장의 기반을 다지기 위한 것이고 둘째로는 그린마케팅을 통해서 환경친화적인 기업이미지를 확고히 하고자 하는 것이다.

도요타의 하이브리드 자동차가 잘 팔린 시점은 필연적으로 석유의 가격이 고공행진을 하던 그 시점과 때를 같이 한다.

이것은 하이브리드 자동차를 구매한 고객의 욕구는 "높은 연비" 때문이었다는 것을 의미한다.

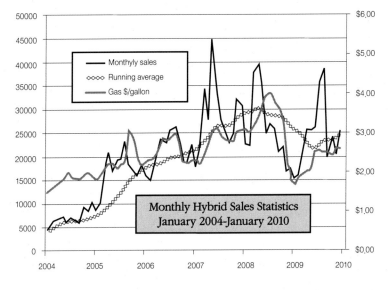

출처: http://bizeconreporting.journalism.cuny.edu/2012/05/22/u-s-auto-industry-heads-green-but-with-difficulty/

왜 하이브리드 자동차가 필요한가?

환경에 대한 규제와 높은 석유가격을 주요요인으로 꼽을 수 있다. 하이브리드 자동차에 대해 본격적으로 논의가 되기 시작한 것은 지난 80년대 2차 오일쇼크부터였다.

중동국가들이 석유를 무기화하기 시작하면서 과학자들은 석유를 대체할 수 있는 에너지를 찾아나서기 시작했다. 더불어 환경에 대한 경고가 지속되면서 각국 정부들은 CO_2 방출을 동결 또는 감소시키는 내용을 담은 기후변화협약을 체결했고 이에 따라 CO_2 방출에 결정적인 역할을 하고 있는 석유사용에 제동이 걸린 것이다.

채 50년이 지나지 않아 고갈될 위기에 놓인 석유제품에 높은 세금이 부과되기 시작하면서 기업들은 성장동력에 변화의 필요성을 느끼기 시작했다. 특히 CO_2방출원인의 1위로 지목된 자동차 매연에는 더욱 높은 세금이 부과되었는데, 이것을 해결하기 위해 제안된 것이 전기 자동차, 수소 자동차이다.

하지만 수소연료의 경우 수소를 압축하여 에너지화하는 데 석유를 구입하는 비용보다도 높은 비용이 들어가 현실성이 떨어진다는 지적이 제기되었다.

또한 전기자동차의 경우 배터리의 가격이 약 2,500만 원 수준으로 웬만한 자동차 가격에 맞먹는데다 완전히 충전된 배터리로 주행할 수 있는 거리가 채 100Km가 되지 않아 심각한 효율성 문제가 발생했다. 하지만 배터리의 경우는 기술이 발달하면서 개선될 것으로 기대되기 때문에 도요타를 비롯한 많은 기업들이 전기자동차를 지지하고 있는 것이다.

하지만 여기에서 문제가 또 발생한다. 기술자들은 자동차용으로 현실적인 가격에 쓸 만한 배터리의 양산기술이 완성되는 시점으로 2015~2020년경을 꼽았다. 하지만 1990년도 당시 바로 적용할 전기차 기술이 필요했던 도요타는 대안으로 전기모터와 가솔린 엔진을 모두 사용하는 하이브리드 자동차를 만들게 된 것이다.

도요타의 하이브리드 자동차는
어떻게 대박을 쳤나?

2000년경, 도요타뿐 아니라 많은 자동차 회사들이 하이브리드 자동차를 출시했다. 그런데 여기에서 재미난 점이 발견되었다. 지난 2007년 오일 가격이 배럴당 150$까지 치솟았을때, 도요타의 하이브리드 자동차는 판매량이 5배까지 증가했지만 타사의 하이브리드 자동차는 판매량이 전혀 늘어나질 않았던 것이다. 2009년에 전 세계에 판매된 하이브리드 자동차의 70%가 도요타의 프리우스이다. 왜 이렇게 된 것일까? 도요타의 자동차가 인기를 끈 이유로는 크게 세 가지를 꼽을 수 있다. 첫째로, 정말로 말도 안 되게 높은 연비이다. 도요타의 하이브리드 자동차의 연비는 MPG (Mile per Gallon) 60으로 경쟁 차종의 최대 4배까지 차이가 나는것을 확인 할 수 있었는데, 이것은 도요타가 1990년도부터 미리 환경문제로 인해 경영트렌드가 바뀌게 될 것을 인식했고 하이브리드 자동차에 대해 투자를 일찍부터 시작하여 타 차종이 따라올 수 없는 높은 기술력을 확보했기 때문이다. 덕분에 뒤늦게 하이브리드 자동차의 개발에 착수한 경쟁사들은 도요타가 먼저 취득한 특허를 피하느라 애를 좀 먹었다고 한다. 게다가 프리우스는 공기역학 계수 0.25를 달성하기 위해 멋들어진 외형 디자인 까지도 포기했다. 공기역학 계수가 0.25인 다른 자동차들은 대부분 수억대에 달하는 스포츠카 들이라고 하니 얼마나 도요타가 프리우스의 연비에 공을 들였는지 알만하다.

	MPG
Toyota Prius	60
Honda Cybic	51
Toyota camry	40
Saturn Vue	27
Ford escape	36
Pontiac G6	23
Hummer H3	15

Reference: http://www.wired.com/cars/futuretransport/news/2007/05/hybrid_mpg

둘째로, 도요타는 가장먼저 출시된 하이브리드 자동차를 지원하기 위해 대대적인 그린마케팅을 펼쳤다. 이에따라 "도요타=환경기업" 이라는 이미지를 구축하는데 성공했고 브랜드가치가 급격히 상승하기 시작했다.

셋째로, 도요타의 핵심역량은 TPS(도요타 생산방식)다. 도요타는 "이익=매출액 "비용" 이라는 기본적인 공식을 바탕으로 "비용"을 줄이기 위해 다양한 낭비요소를 제거했다.

TPS가 제시하는 낭비요소들은 다음과 같다.

1. 과잉생산의 낭비 - 예정시간보다 빠르게, 필요보다 더 많이 생산된 부품도 보관하려면 노력과 비용이 들어간다.

2. 운반의 낭비 - 부품을 이리 저리 옮기는 일도 상당한 노력을 요한다.

3. 재고의 낭비 - 여기저기에 적재되어있는 부품상자들이 공정을 방해한다.

4. 가공 그 자체의 낭비 - 꼭 필요하지 않은 작업은 아예 하지 않으니만 못하다.

5. 대기의 낭비 - 너무 일찍 완성된 부품은 그 다음 공정이 마치기까지 기다리는 동안 시간이 낭비된다.

6. 동작의 낭비 - 직원들이 작업을 위해 불필요하게 여기저기 돌아다니는 것은 인력과 노력의 낭비가 된다.

7. 불량, 수정의 낭비 - 불량 부품을 사용하면 결과물도 불량이 되므로 결과적으로 자원의 낭비이다.

이에 따라 도요타는 작업공정을 일반적인 일자 모양에서 동그라미 모양으로 변형하고 불필요한 부품과 자재를 모두 폐기하는 등의 조치를 단행하여 생산성을 크게 향상시켰다. 경쟁사인 소니도 "TPS 도입 후 생산성은 80% 올랐고 불량률은 86% 줄어들었다"며 "이렇게 회사가 좋아지는데 TPS를 안 하겠다는 경영자가 있으면 바보라고 해야 할 것"이라고 말할 정도였다.

공장의 클러스터화 또한 도요타의 TPS가 제대로 구축되는 데 크게 한몫을 했다. 아이치현에 도요타 클러스터가 자리 잡으면서 고로모시는 1959년, 도요타를 중심으로 공업을 집중 육성하기 위해 아예 이름까지 도요타시로 바꾸어 버렸다. 현재 도요타시에는 도요타 12개 공장, 미쯔비시 3개 공장, 45개 대학과 도요타 중앙 연구소 등 약 3,365개의 관련 사업체가 집적되어 있다. 그리고 도요타공대를 비롯한 5개의 대학이 산학공동의 R&D 센터 역할을 해 나가고 있다.

도요타는 또한 비용절감을 가속화 하기 위해 모든 차량에 사용되는 부품을 모듈화하여 공유하기 시작했는데, 이로 인해 연간 220억 원의 절감효과가 발생했다. 하지만 회사가 너무 급속하게 성장하면서 해외 공장에서 제작한 페달에 불량이 발생한 것을 재빨리 파악하지 못한 채 공정을 진행한 도요타는 현재까지 2,350만 대의 자동차를 리콜해야만 했다. 학자들은 부품을 모듈화하여 전 차종이 공유했기 때문에 문제가 더 커진 것이라고 지적했다. 하지만 도요타의 생산방식을 모방하기 시작한 다른 자동차 회사들도 이미 부품을 모듈화하여 사용하고 있기 때문에 하청업체들의 품질관리에만 조금 더 신경을 쓴다면 문제가 해결될것으로 보인다.

하이브리드 자동차의 미래는?

하이브리드 자동차는 그 자체로 완성차가 아니라 전기차로 넘어가기 위한 과도기에 불과하다. 다시 말하자면, 하이브리드 자동차 기술은 '언젠가는 버려야 할' 기술이라는 이야기가 된다. 따라서 하이브리드 자동차 산업을 제품수명주기 그래프 위에 올려놓고 보자면 내연기관 제품은 곧 쇠퇴기로 접어설 제품이고, 하이브리드 자동차는 막 성장기에 들어섰으며, 전기자동차는 아직 해결해야 할 과제가 산적해 있는 도입기에 위치하고 있다.

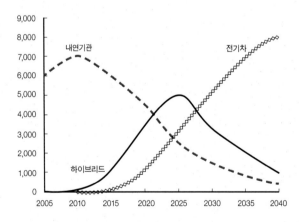

그냥 표면적으로만 생각하면 도요타 자동차는 확실하게 미래 자동차 시장의 주도권을 움켜잡고 있다. 하지만 기술적으로 보았을때, 도요타 자동차가 사활을 걸어야 할 곳은 바로 배터리 기술이다.

우선적으로 현재의 자동차용 배터리로는 100Km 정도밖에 운행할 수 없다는 것과 재활용이 안되는 배터리의 가격이 2,500만 원이나 하는 점, 그리고 배터리의 수명이 길어야 5년 정도라는 점이 치명적인 약점으로 꼽힌다. 게다가 배터리의 원료인 리튬의 자원고갈 현상도 고려해야 할 문제이다.

현재 세계의 리튬 매장량은 410만 톤 정도로 약 10년 뒤에는 고갈될 것으로 추정되고 있다. 10년 안에 리튬의 재활용 방안을 찾던지 아니면 리튬을 대체할 배터리원료를 확보해야 한다. 그렇지 못하면 석유 때와 마찬가지로 또 다시 원자재 전쟁을 치르게 될 수도 있는 것이다.

최근에 도요타 자동차가 재활용이 가능한 리튬 배터리를 개발했다고 발표하기는 했으나, 업계에서는 실용화 가능성이 낮다고 판단하고 있다. 우리나라의 경우, 2015년을 목표로 바닷물에서 직접 리튬을 추출하는 방안을 연구하고 있다고 한다. 여러 자동차 회사들이 전기차를 양산하기 시작하고 조만간 대세가 전기차가 될 것이라는 전망이 난무한 시점에서 경쟁사들의 활보를 지켜보면 도요타의 지위가 그다지 탄탄하지만은 않다는 생각이 든다. 게다가 전기차용 배터리 시장의 주도권은 엉뚱하게도 LG화학이 쥐고 있다는 점과 세계 리튬 매장량의 50%를 차지하고 있는 볼리비아 사막의 개발권을 한국이 취득한 것 또한 도요타의 지위를 크게 위협하고 있다.

미래의 자동차는 그냥 단순한 기계덩어리가 아니다. 배터리기술부터 시작해서 전자기판, 정보통신까지 접목된 하나의 '굴러다니는 전자제품'이다. 결과적으로 볼 때, 도요타가 현재 1위의 자리를 고수하고는 있으나 이것은 절대로 안정된 지위가 아니다.

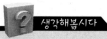

1. 도요타가 미래 자동차 시장에서 1위를 고수하려면 어떠한 전략을 사용해야 할까요?

2. 현대자동차가 도요타를 제치고 1위 자리에 올라서려면 어떠한 전략을 사용해야 할까요?

3. 전기자동차는 언제쯤 상품화되어 우리 곁에 널리 퍼지게 될까요?

4. 미래의 자동차는 어떤 기능을 가지고 있을까요?

경영전략 과목은 그야말로 정답이 없는 컨설팅과제의 연속이었다. 학생들의 토론이 계속되어가면 갈수록 점점 더 기이한 대답들이 쏟아져나오기 시작했다. 한 과목만을 집중적으로 다루던 지난 과목과는 달리 여러 교수들이 돌아가며 다양한 문제를 놓고 다양한 시각에서 분석하기도 했다.

흥미롭게도 교수들은 그 분석대상이나 평가에 제한을 두려 하지 않았다. 교수들은 자동차회사에서부터 바비인형, 그리고 심지어 건축물, 아름다움이나 사회적 평가, 심지어는 문화 및 역사적 가치에까지 경영학적 잣대를 들이대었다.

한 번은 교수가 물었다.

"사람들이 페라리 자동차를 왜 사지요?"

"음…… 타고 다니려구요?"

"그러면 다른 보통 자동차들도 많잖아요. 페라리는 한 번에 두 사람밖에 못타고 짐을 나르기에도 적당하지 않죠. 게다가 가격은 수십 배나 더 비싼데, 집 앞의 우체통만 들이박아도 당장 박살나버릴 정도로 약하고…… 그런데 사람들은 페라리를 왜 사는 걸까요?"

"글쎄요……. 음, 멋있잖아요."

"그렇죠. 멋있죠. 사람들은 가끔씩 그냥 재미있으니까, 멋있으니까 라는 이유만으로도 전혀 실용적인 가치가 없는 물건들에 엄청난 지출을 감행하곤 합니다. 여자들이 명품 브랜드에 열광하는 것이나, 또는 고가의 골동품을 모으는 행위들도 그렇죠. 사면을 유리로 덮어버린 도심지 고층빌딩도 마찬가지 입니다. 단열이나 정보보안, 실용성등을 생각하면 전혀 효율적이지 않아요. 하지만 유리로 지어진 고층빌딩이 최첨단 이라는 이미지를 내포하기 시작하면서 대도시에서는 너도나도 서로 유리로 건물을 짓기 시작했습니다. 아마도 보석과 같이 비싸지만 쓸 데는 전혀없는 물건들을 팔아 먹으려면 시장에의 접근 방법이 다를 겁니다."

또한 중세 모더니즘의 예술작품이 가지는 상업적 가치를 분석하라는 과제도 부여받았고 예술작품을 마케팅에 도입한 사례들을 검토하기도 했다. 교수는 재무나 마케팅뿐만 아니라 모든 것이 경영으로 연결될 수 있다고 강조했다. 예술이나 문화, 또는 정치가 경영학에 속한 학문이 아니라는 이유로 그것들에 대한 평가를 그들에게 맡겨두는 것이 아니라 그것들을 경영학적으로 재해석하고자 하는 것이다.

생각해봅시다

1. 사람들이 보석을 사는 이유는 무엇일까요?

2. 사람들에게 보석을 팔기 위해 사용되어야 할 전략은 휴대폰을 팔기 위해 사용되는 전략과 어떻게 다를까요?

경영트렌드

전략경영에 대한 본격적인 연구가 시작된 것은 1960년대이다. 우리나라의 경우 그 시기와 발맞추어 경제개발을 본격적으로 시작했다. 그리고 그 이후로 경영트렌드는 지속적으로 변해왔다.

그 중 가장 먼저 빛을 발하기 시작했던 것은 역시나 '규모의 경제' 이론이다.

우리나라 역시, 1960년대 후반부터 대량생산 방식에 입각한 공장을 여기저기에 설립하여 똑같은 물건들을 생산해내기 시작했다. 그래서 그 당시의 사진을 보면 같은 옷을 여럿이 단체로 입고 있는 사진이 많다. 같은 물건을 사방에서 판매하고 모두 같은 물건을 구입한다. 이때의 경영트렌드를 미국의 경영학자 그랜트는 많이 생산하고 저렴하게 판매한다는 의미에서 'BIG(Big Quantity)'이라고 불렀다.

하지만 1980년대 들어, 소득수준이 높아지기 시작하자 저렴하기만 한 물건을 찾는 손길이 줄어들기 시작하면서 경영트렌드도 함께 변하기 시작했다. 여기에 가장 먼저 포문을 연 것은 일본의 도요타 자동차였다. 도요타 자동차는 장인정신을 바탕으로 생산량이 줄더라도 품질에 전혀 하자가 없는 최고의 제품만을 판매하겠다고 결의하고 생산방식의 초점을 비용 위주에서 품질 위주로 전환했다. 그렇게 생산된 자동차는 미국시장에서 크게 성공했다. 덕분에 미국정부와 자동차 회사들은 한때 일본을 겨냥한 무역장벽을 세우기도 하였다.

우리나라에서도 몇몇 회사들이 변화하는 소비자들의 취향을 파악하지 못하고 대응을 뒤늦게 한 사례가 있었다. 시장이 개방되어 외국의 다양한 물건들이 국내로 밀려들어오는데 기존의 저렴한 대량생산만 고집한 공장들은 대부분 부도가 나거나 문을 닫았다. 그렇게 도입된 것이 바로 '품질경영', BEST(Best Quality)이다.

1990년대로 들어서 고객들은 더 많은 것을 요구하기 시작했다. 최고의 품질이면 다 되던 1980년대와는 달리 빠른 서비스를 요구하기 시작한 것이다. 주문한 지 30초만에 식사를 제공하는 맥도날드가 크게 인기를 끌었고, 인터넷의 발달로 업무를 처리하는 데 소요되는 시간이 대폭 감소했다. 도요타 같은 최고 품질 자동차라고 하더라도 물건을 인도받는 데 수개월이 걸린다는 응답을 받으면 구매를 포기하는 고객도 생겨났다. 제조업에서도 이러한 변화에 대응하기 위해 제품개발 속도를 크게 끌어올렸다. 과거 신제품 출시하는 데 3~4년 소요되던 것을 이제는 매년 신제품을 출시한다. 이것이 바로 '스피드경영', FAST (Fast Service)이다.

2000년대로 접어들기 시작하면서 기업들은 새로운 경영트렌드를 찾아 나서기 시작했다. 몇몇 기업들이 기존의 방법과 차별화된 새로운 방법을 시도하기 시작한 것이다. 그중에서 주목할 만한 이슈는 효율적이고 생산적인 방법에서 벗어난 '쓸데없는' 물건을 만들기 시작했다는 점이다. 대표적인 사례가 할리 데이비슨, 구찌, 페라리 등이다. 페라리 자동차의 경우, 100% 수작업으로 제작되었지만 그렇다고 딱히 우수한 품질을 자랑하는 것도 아니고 많은 양의 화물을 옮길 수 있는 것도 아니다. 서울 한복판에서 페라리와 SM5 택시가 정면 충돌했는데 SM5 택시는 멀쩡하고 페라리는 박살이 났다는 이야기가 화제가 된 적도 있다. 그렇다면 고객이 페라리를 구입하는 이유는 무엇일까? 단 하나다. '재미있으니까.' 우리나라 기업들도 제품의 품질에 우선하여 디자인에 신경을 많이 쓰기 시작했다. 고객들은 좋은 품질의 제품보다도 멋진 디자인의 제품을 선호하기 시작했다. 이를 넘어서 어떤 기업들은 자사의 제품에 이야기(스토리텔링)를 담아 전달했다. 이것이 BEAUTIFUL(Beautiful product)이다.

경영학자 그랜트는 경영트렌드에 대하여 이렇게 BIG-BEST-FAST-BEAUTIFIL의 네 가지를 언급했다. 어떤가? 경영학자 그랜트가 언급하지 않은 다음 세대의 경영트렌드가 보이는가? 아직 아무것도 정해진 것은 없다. 어떤 이는 녹색성장(그린)을 말하고 다른 이는 웰빙을, 또 다른 이는 통합과 개방을 꼽기도 한다. 제조업은 그중 어느 것도 소홀히 해서는 안 된다.

그런데 이 논문을 읽으면서 나는 한 가지 흥미로운 사실을 발견했다. BIG-BEST-FAST-BEAUTIFUL의 순서를 큰 그림으로 놓고 보면 전 단계의 약점을 보완하는 경영트렌드가 뒤이어 생겨났다는 것이다.

고객입장에서 대량생산의 가장 큰 장점은 저렴한 가격이겠지만 반대로 가장 큰 약점은 기대 이하의 품질이다. 그래서 품질위주로 제품을 생산하는 경영트렌드가 생겨났다. 장인정신으로 똘똘 뭉친 품질경영의 가장 큰 약점은? 바로 느려터졌다는 점이다. 제품 하나하나에 공을 들이다보니 다양한 물건이 나오지도 못하고 빠르게 고객에게 제공하지도 못한다. 그래서 그 다음 경영트렌드는 FAST가 되었다. 그렇다면 품질을 충분히 확보한데다 서비스까지 빠른 제품의 가장 큰 약점은 무엇인가? 디자인이다. BEST에서 기업이 확보한 품질은 제품의 완성도가 아니라 내구성을 의미한다. 떨어트려도 집어던져도 망가지지 않는 무식하고 튼튼한 전자제품이 BEST 당시의 품질이었다. FAST로 넘어오면서 고객은 아름답고(Beautiful) 튼튼하며(Best) 빠르고(Fast) 저렴한(Big) 제품을 원하게 된 것이다.

그렇다면 오늘 이후의 경영트렌드는 어디로 흘러가게 될 것인가? 무엇이 되었건, 우리는 Big하고 Best하며, Fast하고 Beautiful한 제품이 가진 약점을 보완하는 새로운 경영트렌드를 만나게 될 것이다

스웨덴의 시험제도

친구: 제키야, 나랑 같이 도서관 건물에 다녀오자.

나: 응, 그래. 그런데 도서관엔 왜 가는데?

친구: 곧 시험이잖아. 작년 기출문제 열람하려고.

나: 작년 시험지?

친구: 응. 너 몰랐어?

나: 으, 응……

친구: 바보.

한국에서는 족보라는 이름으로 작년 시험의 기출문제가 학생들 사이에서 비밀리에 유통되곤 합니다. 여기에선…… 그냥 대놓고 학교에서 전시해 놓고 있었네요.

그런데 저는 왜 이걸 여태까지 몰랐을까요……. 흑흑.

Strategy

Course 7

사람과 경영

"

여러분은 그동안 세계의 흐름을 읽는 방법을 배워왔습니다.
여러분이 읽어온 논문들은 과거의 경영기법에서부터 현대의 경영기법까지 다루고 있습니다.
이제 여러분이 스스로 그 흐름을 읽어나갈 차례입니다.
그것이 경영자로서 여러분이 해야 할 일이니까요.
경영자로서 여러분이 만나게 되는 가장 힘들지만
중요한 경쟁자는 바로 여러분의 상상력입니다. 세상은 앞으로 어떻게 변해가게 될까요?

"

People &
Process

●●● "이야, 드디어 마지막 과목이다! 얼른 끝내고 집에 돌아가고 싶어!"

"이것만 끝나면 논문을 써야 할 텐데, 아직 주제를 못정해서 걱정이야……."

"우리 졸업하기 전에 한 번 다같이 모여 저녁식사를 하는건 어때?"

아이들은 저마다 기대 반 걱정 반으로 마지막 과목을 맞이하고 있었다. 학교에 입학해서 엄청난 양의 과제를 받아들고 충격에 빠진 채 멍한 표정으로 책상 앞에 앉아 있던 게 엊그제 같은데 벌써 마지막 과목이라니……. 시간은 가면 갈수록 속도를 더해가는 모양이다.

여기에 온 지도 1년 반이 지났다. 가끔씩 '여기에서 배운 것들이 뭐지?'라는 생각을 하기도 했고, 공부를 마치고 한국에 돌아가게 되면 그동안 내가 배운 것들을 동원하여 새로운 일을 해보고 싶다는 생각도 많이 들었다. 우리 중 몇몇은 이미 논문을 작성하고 있었고, 몇몇은 졸업 이후에 박사과정으로의 진학을 고려하고 있었다. 그리고 다른 몇몇은 이미 억대 연봉을 보장받고 회사에서 제공해 준 프로젝트에 참여하고 있었다. 그를 위해 학교 측에서 준비한 마지막 과목인 사람과 경영은 연구적 성격이 강한 편이었다.

"가끔 스웨덴사람들끼리 우스갯소리로 하는 농담에 섞어 하는 이야기가 있는데 그것은 '세상 사람들은 참 이상하다'라는 것입니다. 하지만 사실은 세상이 이상한 것이 아니라 우리가 이상한 것입니다."

이것이 사람과 경영 과목을 시작하는 교수의 첫 마디였다.

"세상은 항상 그 자리에 있었고 지금도 거기에 있습니다. 다만, 그 자리에 멈춰 있는 것이 아니라 흐름에 맞추어 변하고 있을 뿐입니다. 그것을 읽어내지 못하는 건 우리의 잘못입니다."

"여러분은 그동안 세계의 흐름을 읽는 방법을 배워왔습니다. 여러분이 읽어온 논문들은 과거의 경영기법에서부터 현대의 경영기법까지 다루고 있습니다. 이제 여러분이 스스로 그 흐름을 읽어나갈 차례입니다. 그것이 경영자로서 여러분이 해야 할 일이니까요. 경영자로서 여러분이 만나게 되는 가장 힘들지만 중요한 경쟁자는 바로 여러분의 상상력입니다. 세상은 앞으로 어떻게 변해가게 될까요? 이번 과목에서 그 질문에 대한 대답을 한 번 찾아보시기 바랍니다. 이번 과목에서 제시되는 과제들은 보다 자유로운 형태로 제시될 것입니다. 무엇을 연구할지, 그리고 어떻게 그것을 풀어나갈지 스스로 정해 과제를 제출해보시기 바랍니다."

자원전쟁:
희토류, 중국인과 일본인의 입장 차이

지난 2010년 8월, 중국과 일본 사이에 영토갈등이 있었다. 이 과정에서 일본 정부가 센가쿠열도 주변에서 조업을 하던 중국어선을 체포하여 처벌하고자 했고, 이에 크게 분개한 중국 정부는 희토류의 대일수출을 금지했다. 느닷없이 이 희토류의 공급처를 잃게 된 일본은 급히 중국어선을 풀어주었고 희토류의 대일수출도 재개되었다.

희토류와 자원전쟁을 과제의 주제로 정한 우리팀은 주제에 맞도록 목차를 작성하고 분배하여 과제를 작성한 뒤 연결하고자 했다. 그런데 각자 작성한 과제의 부분들을 연결하는 과정에서 문제가 발생했다. 중간에 문제를 바라보는 시각이 180도 달라져서 연결고리가 맞지 않는 상황이 발생해버린 것이다. 중국인 친구에게 '배경과 원인' 부분을 맡긴 것이 실수였다. 사실은 중국과 일본 사이에 발생한 일이기 때문에 더 많은 자료가 있을 것이라고 기대했기 때문에 중국인 친구에게 그 부분을 맡겼던 것이었는데, 정부에 의해 강하게 통제되고 있는 중국언론발 신문기사를 기반으로 의견을 작성하면 왜곡된 의견이나 또는 자국에 대해 편향된 의견이 나올 수 있다는 생각을 미처 하지 못했던 것이다.

한국언론이 전하는 희토류와 자원전쟁에 대한 내용은 이렇다.

> 중국정부는 그동안 중국산 희토류의 경쟁력을 강화시키기 위해 전략적으로 저가정책을 펼쳤다. 그 탓에 세계에 분포되어 있던 광구들이 문을 닫게 되었고, 제조업은 중국산 희토류에 의존하게 되었다. 거의 97%에 가까운 희토류 생산량을 중국이 독점하게 되면서 중국정부는 다시 가격을 올리기 시작했고, 급기야는 센가쿠열도 사건을 계기로 수출량에 쿼터를 도입하는 등의 조치를 단행하면서 희토류의 가격은 천정부지로 뛰게 되었다. 이에 놀란 일본과 미국 등은 희토류를 공급받을 다른 산지를 물색하고는 있으나 개발로부터 생산까지 3~5년이상 소요되므로 한동안은 비싼 중국산 희토류에 계속 의존할 수밖에 없는 상황이다.

한국언론은 중국의 희토류 수출금지를 '전략적 자원의 무기화'로 단정 지었다. 하지만 중국인 친구의 입장은 조금 달랐다. 심지어는 중국의 희토류 대일 수출금지 조치가 보복이라는 기사에 대해 불쾌하다는 표정까지 지어보였다.

여기서 그 친구가 작성한 희토류 수출금지조치에 대한 보고서를 살펴보자.

> 중국이 97%에 달하는 희토류 생산국이 된 이유는 (중국 정부가 전략적으로 주도한 것이 아닌) 수많은 개발기업이 동시에 뛰어들어 무분별하게 경쟁적으로 생산했기 때문이다. 때문에 생산단가에 비해 너무 저렴하게 해외에 팔아왔

다. 하지만 희토류를 생산하면서 함께 파괴되는 자연에 대한 가치를 계산한다면 희토류의 가격은 훨씬 높아야 정상이다. 따라서 희토류의 개발을 제한해야 한다는 의견이 꾸준히 제시되어 왔다. 하지만 일본정부는 실제로 필요한 양보다 훨씬 많은 양을 전략적으로 주문하여 사용하지도 않으면서 불필요하게 많은 양을 창고에 쌓아두고 있었다. 실제로 작년에 생산된 희토류의 절반을 일본이 수입해갔다. 이것은 중국 내의 희토류 개발을 더욱 촉진시킴으로써 중국의 자연파괴를 주도했다. 결론적으로 볼 때, 희토류의 부족사태는 특정 몇몇 국가(일본)가 실제로 필요한 양보다 훨씬 많은 양을 주문한 것이 원인이다. 따라서 중국 내의 자연환경을 보존하기 위해 희토류의 수출을 줄이기로 결정하게 된 것이다.

한국에서 바라보는 시각과의 차이가 느껴지는가? 분명 어느 한쪽은 잘못된 기사를 읽은 것이 분명하다. 아마도 중국언론이 정부에 의해 통제된 탓에 이러한 결과가 나온 것이라 추측된다.

하지만 실제로 어느쪽이 잘못되었는지를 가리는 것은 그다지 중요하지 않다. 어쩌면 중국인 친구의 주장이 사실이고 오히려 한국언론이 편향된 시각으로 기사를 작성한 것일지도 모른다. 중국과 한국언론이 다른 시각을 가지고 문제에 접근하는 것은 당연한 일이다.

기업의 입장에서 이 문제를 바라볼 때 가장 중요한 것은 이미 세계적으로 희토류가 거의 바닥을 보이고 있다는 사실이다. 희토류의 매장량과 소비량을 비교한 다양한 연구결과물들을 비교해보면, 현재의 속도로 개발을 지속할 경우, 깡통을 생산하는 데 소비되는 Tin은 17년 뒤엔 고갈

People & Process

Course 8

229

될 예정이며, 약물의 원료로 사용되는 Antimony의 경우 13년, LCD의 원료인 Indium은 4년 뒤에 고갈될 예정이다.

앞서 검토했던 전기자동차 이야기에서도 논란의 핵심은 자동차용 배터리였고 배터리가 논란이 되었던 원인은 배터리의 원료인 리튬이 고갈되어가고 있다는 사실이었다. 분명한 점은 한국은 자원이 거의 없는 나라이기 때문에, 자원 부국이 자원을 무기화한다면 우리나라 기업들의 타격은 매우 클 수밖에 없다. 아직까지는 대부분의 자원부국이 기술력이 뒤떨어지는 경우가 보통이었다. 그래서 자원생산(중국, 중동) → 생산(한국) → 판매(미국) 이런 식의 시장관계가 형성되곤 했다. 그래서 자원생산지에서 자원가격을 올리면 모든 나라의 완제품 가격이 함께 오르기 때문에 경쟁력 확보에 문제가 없었다.

하지만 만일 중국의 기술력이 한국을 뛰어넘는 날이 온다면? 자원도 중국에 있고 기술력도 중국에 있다면? 중국기업이 생산한 최신 TV는 50만 원이고 한국기업이 생산한 동급 TV는 200만 원인데도 중국기업 제품이 월등히 뛰어나다면? 자원을 전부 가지고 있는 중국이 한국에 아예 자원을 안 팔겠다고 선언해 버린다면? 자원도 기술력도 없는 한국으로서는 그저 손가락이나 빨면서 멍하니 바라보고 있을 수밖에 없게 된다.

이런 자원문제를 해결하기 위해 정부가 바쁘게 뛰어 다니고 있지만 외교를 통해 한정된 자원을 획득하는 문제에는 분명히 한계가 존재하는 법이다.

1. 한국은 자원이 거의 없는 나라입니다. 자원부국이 자원을 무기화하여, 자원 전쟁을 일으킬 경우에는 우리나라의 기업들의 타격이 클 수밖에 없습니다. 하지만 전 세계적으로 자원이 고갈 직전이라는 점을 감안해본다면 무턱대고 또 다른 광산을 찾아나서는 것만이 정답은 아닙니다. 한국기업들은 자원전쟁에 어떻게 대처하는 것이 좋을까요?

3D Printer와 Co-Creation

2055년 7월 24일, 들뜬마음으로 오늘만을 기다려온 Jackie씨는 아침 일찍 일어나자마자 컴퓨터를 작동시켰다. 오늘은 바로 그렇게 손꼽아 기다리던 최신 아이폰이 공개되는 날! 예상대로 애플사의 홈페이지는 폭주상태였다. 몇 번의 시도 끝에 간신히 애플사의 홈페이지에 연결된 Jackie씨는 떨리는 마음을 가다듬으며 새로 구입할 아이폰의 디자인을 고르기 시작한다. 애플은 소프트웨어시장을 개방한 데 이어 이젠 아예 제품디자인까지 고객들에게 맡겨버린 탓에 내노라할 디자이너들이 저마다 아이폰 디자인에 뛰어들어 아이폰의 생김새가 저마다 제각각이다. 그중에서도 역시 예술감각이 탁월한 한국인 디자이너들의 작품과 구찌 등이 만들어내는 명품브랜드 디자인이 인기를 끌고 있다. 최신 아이폰의 기능과 함께 유명 한국 디자이너가 올려놓은 휴대폰 디자인을 옵션으로 선택하여 주문한 뒤, 즉석에서 결제를 마치자 컴퓨터는 애플사로부터 3D설계파일을 전송받기 시작한다. 잠시 후, 방의 한쪽 구석에 놓여져 있던 3D 프린터가 움직이기 시작하고 3분여 만에 프린터가 독특한 디자인의 최신형 아이폰을 뱉어낸다. 아이폰을 사겠다며 새벽부터 대리점 앞에 줄을 섰던 일이 머나먼 이야기 같다.

이러한 일이 정말 가능할까? 위의 내용은 물론 당장은 나의 상상력에서 나온 발상이다. 하지만 3D프린터는 이미 실존하는 제품이다. 미국의 Z corporation은 플라스틱과 금속등을 이용하여 실제로 제품생산이 가능한 3D프린터를 개발하여 시판에 들어갔다. 3D로 설계된 파일을 읽어들여 실제 물건을 생산해낸다. 하지만 현재로서는 보급용 3D프린터의 경우 대당 100만 원대, 그리고 기업에서 사용할 만한 프린터는 2,000만 원대를 호가하는데다, 플라스틱 또는 금속 중 한 가지 재료로만 성형이 가능하기 때문에 당장 3D프린터로 아이폰을 생산할 수 있다는 기대를 가지기는 어렵다. 하지만 HP가 3D 프린터시장에 뛰어들었고, 고성능 아이폰이라고 할지라도 결국엔 플라스틱과 다양한 금속들 외에는 별다른 재료가 쓰여지지 않았다는 점을 고려해본다면 3D프린터가 수십 가지 금속재료를 동시에 사용하여 성형하는 것이 가능해지기 시작할 때 즈음이면, 복잡한 제품을 인쇄할 수 있는 3D프린터가 각 가정에 보급될 가능성이 아주 없지는 않다.

위의 이야기를 경영학의 관점에서 바라볼때 우리가 주목할 점은 두 가지다. 첫째는 3D프린터의 등장이고 둘째는 Co-Creation이다. 3D프린터에 주목하고 있는 학자들은 3D프린터의 발달로 인해서 공장이 쇠퇴할 것이라고 예견하고 있다. 아이폰처럼 복잡한 전자제품은 프린팅기술이 발달되기까지 시간이 많이 걸릴 수 있겠지만 비교적 단순한 제품의 경우, 3D프린터로 집에서 생산이 얼마든지 가능하다는 것이다. 현재 나이키가 고무 재질의 신발을 3D프린터로 찍어 시판에 성공한 사례가 있으며, 몇몇 보청기 회사가 3D프린터로 고객의 귀에 꼭 맞는 보청기를 생산하여 판매하고 있다.

'Co-Creation'은 고객과 함께 제품을 생산한다는 의미에서 고객이 구매하고자 하는 제품을 직접 디자인하거나 고안하는 경영트렌드를 의미한다. 이것은 동시에 기업의 고객대응전략이 종전과 같이 수많은 고객을 대상으로 하나의 전략을 사용하는 것이 아니라 한 명, 한 명의 고객에게 포커스를 맞출 수 있도록 변화한다는 것을 의미하기도 한다. 유럽과 미국에서는 이미 이러한 움직임이 감지되기 시작했다. 뉴욕에서 성업 중인 햄버거가게인 4Food의 경우, 고객들이 홈페이지에서 햄버거를 직접 고안할 수 있다. 햄버거 빵의 종류에서부터 치즈를 한 장 넣을 것인지 아니면 열 장 넣을 것인지까지 모두 고객이 직접 선택한다. 그리고 완성된 햄버거는 직접 자신이 이름을 붙여 홈페이지에 다시 판매되며, 그 햄버거가 판매될 경우, 1개당 25센트씩 그 햄버거를 기획한 고객에게 돌려준다. 또한 스웨덴의 가구회사 IKEA는 고객들이 홈페이지에서 가구를 주문할 때, 가구의 색이나 부품의 모양을 직접 선택하여 조합할 수 있도록 했다. 세상 어디에도 없는 나만의 가구가 탄생하는 것이다.

 생각해봅시다

1. 삼성전자에 Co-Creation 또는 3D프린터를 적용한다면 어떠한 형태의 상품이 태어날까요?

2. 또는 어떤 다른 사업에 Co-Creation을 적용할 수 있을까요? 내가 Co-Creation을 이용하여 사업을 한다면 어떤 사업을 해보면 좋을까요?

Open Competency:
What to open? and What to not?

"그래, 자네는 어떤 주제를 연구하고 싶은가?"

"애플이나 레고같은 기업은 열린 혁신을 잘해서 성공한 기업이니까 그 회사들을 소재로 삼아서 열린 혁신을 왜 해야 하는지에 대해 연구를 해보고 싶어요."

"애플이 열린 기업이라고? 난 그렇게 생각하지 않네만."

"에? 애플이 열린 기업이 아니라고요? 에이, 그럴 리가요. 애플이 열린 기업이라는 건 온 세상 사람들이 이미 다 인정한 거잖아요. 하하하."

"하지만 기업의 본질은 이윤추구 아닌가? 그렇다면 애플은 뭘 먹고 살지? 왜 애플은 열린 혁신을 한거지? 그것에 대해 좀 더 생각을 해보게."

"애플이 열린 기업이 아니라고? 그러면 어떤 기업을 열린 기업이라고 할 수 있는 거지? 기업들을 왜 열린 혁신을 하려고 하는 거야? 정말 열린 혁신을 해야만 한다면, 무얼 열어야 한다는 말인 거지?"

이에 대한 궁금증이 나의 연구주제가 되었다.

"에이, 교수님이 뭔가 잘못 말씀하신 걸 거야. 애플은 앱스토어를 고객에게 개방했잖아. 애플이 열린 기업이 아니면 뭐라고 달리 설명할 수 있겠어?"

하지만 소위 말해 열린 혁신을 통해서 소비자의 이목을 좀 끌었다 싶은 기업들의 사례를 모두 비교분석한 결과, 애플과 같이 일반적으로 '열린 기업'이라고 생각해오던 기업들은 사실은 열린기업이 아니며, 오히려 반대로 폐쇄적인 기업에 가깝다는 생각을 가지게 되었다.

적어도 같은 시장을 놓고 경쟁하고 있는 구글과 비교하면 더욱 그렇다. 물론 아직까지 어떤 것도 개방하고 있지 않은 우리나라의 많은 대기업들과 비교를 하자면 애플이 상당히 열려 있는 기업이라는 것은 분명한 사실이다. 하지만 우리나라의 폐쇄적인 기업문화를 제껴두고 보았을때, 애플은 절대로 열린 기업이 아니다. 단지 그 폐쇄성 속에서 일부의 개방을 추진하여 '열린 기업'이라는 이미지를 만들어냈을 뿐이다.

많은 기업들이 열린 혁신을 통해서, 고객의 이목을 끌어들이는 데 성공했다. 대표적인 사례로 델 컴퓨터, 애플, 레고, 구글 등이 있다. 애플은 앱스토어를 소비자들에게 공개하여 이목을 끌었고, 레고는 로봇의 운영체제를 공개했다.

델 컴퓨터는 경영상의 결정을 소비자들에게 맡겼고 구글은 창사 이래로 지금까지 계속 오픈소스체제를 유지하고 있다.

기업이 그들이 가지고 있는 기술이나 아이디어 혹은 비즈니스모델을 소비자에게 개방하고자 할 때, 그들은 우선적으로 경쟁우위를 보유한 사업모델을 구축할 필요가 있다. 기업의 목적이 '이윤추구'인 것과 마찬가지로 기업이 그들의 기술이나 아이디어를 개방할 때는, 그들의 가치를 증대시킬 수 있는 뚜렷한 방법이 존재해야 한다는 것이다.

만일 기업이 뚜렷한 경쟁우위를 확보하지 못한 상황에서 개방을 감행한다면 어떻게 될까? 아마도 경쟁자들이 모두 따라하여 수익성을 잃게 될지도 모른다. 이 때문에 몇몇 학자들은 '열린 혁신은 대기업에게나 가능한 것'이라고 주장하기도 했다. 개인적으로 나는 그 의견에 동의하지는 않는다. 작은 기업들도 얼마든지 열린 혁신을 통해 상황을 역전시킬 수 있다. 대표적인 사례로 페이스북이 있지 않은가.

중요한 것은 안정된 수익성을 유지한 상태에서 나머지의 것들을 개방하는 것이다. 이것은 산업기반을 플랫폼화 하는 방법으로 해결할 수 있다. 소위 말하는 Copyleft를 주창하는 다시말해 그다지 돈을 벌 생각이 없는 몇몇 기업들을 제외하면, 대부분의 기업들은 그들의 역량을 공개할 때, 수익성을 잃을까 두려워한다. 때문에 그들의 역량을 공개할 때 공개하고자 하는 것과 공개하지 않으려 하는 것들을 명확하게 구분해야 한다.

기업이 공개를 하고자 하는 역량은 일반적으로 다각화해야 할 필요성이 있는데 직원들의 힘만으로는 그것이 어렵거나, 수익성에 별 연관이 없어서 공개해도 상관이 없는 것들이다. 하지만 반대로 기업의 핵심역량에 해당하는 기술이나 또는 다른 기업이 따라했을 때, 수익성에 치명적인 영향을 미치게 될 만한 것들은 공개를 하지 않는다.

먼저 애플의 경우를 들여다보자. 애플은 앱스토어를 이용한 응용프로그램의 시장을 많은 S/W개발자들에게 개방하여 수익성을 제공했지만 기본적으로 아이폰을 구동하는 운영체제나 아이폰 자체에는 일절 누구도 변형하지 못하도록 막고 있다.

애플은 아이폰을 통해서 돈을 벌고 있기 때문이다. 만약 애플의 운영체제가 공개된다면 누군가가 삼성의 갤럭시 등에서도 아이폰의 운영체제가 구동이 되도록 변형할 것이고 그러면 굳이 하드웨어 성능이 뒤떨어지는 아이폰을 살 이유가 없다고 응답하는 소비자가 늘어나지 않겠는가?

반면, 레고의 경우에는 로봇을 움직이는 운영체제까지 모두 개방했다. 레고는 블럭을 생산하여 돈을 벌고 있기 때문에 운영체제를 공개하는 것이 레고의 수익성에 별 영향을 끼치지 못한다는 판단을 내렸던 것이다.

고객들이 공개된 운영체제 등을 이용하여 새로운 제품을 만들고자 한다면 결국 레고가 생산한 플라스틱 블럭들을 구입해야만 한다. 다른 기업이 레고와 동일한 규격의 블럭들을 생산하는 것을 엄격하게 차단하고 있기 때문이다.

초기단계에서부터 오픈소스를 지향해온 구글의 경우에는 자신들이 개발해온 소스를 거의 대부분 공개해왔는데, 이는 구글이 수입의 대부분을 제품이 아닌 광고에 의존하고 있기 때문에 가능한 일이었다.

결과적으로 볼 때, 기업들은 기본적으로 공개해도 수익성에 상관없는 것들을 공개하는 대신, 공개하여 생겨난 다양성이 자사의 제품 위에서만 작동하도록 설정해두었다.

따라서 고객들이 애플이나 레고의SDK(프로그램 개발도구)를 이용해서 아무리 새로운 것을 개발한다고 하더라도 결국 그것은 애플과 레고의 손바닥 위에 있는 셈이다. 그리고 고객들이 개발해낸 새로운 작품은 제품의 다양성을 증가시키기 때문에 결국 기업의 가치를 높여주게 된다.

수많은 고객들이 삼성의 갤럭시 대신 애플의 아이폰을 선택하는 이유는 엄청난 숫자의 앱 때문이라는 사실은 이미 다 알려진 사실이다. (2010

년, 애플의 앱스토어에 정식으로 등록된 앱은 약 70억 개에 달한다고 한다.) [17]

　기업경영의 트렌드는 과거의 '대량생산', '품질경영', '스피드경영'을 거쳐 조금씩 '개방'의 시대로 나아가고 있다. 이를 입증이라도 하듯, 많은 기업들이 서로 앞다투어 고객을 경영에 끌어들이려 하고 있다. '열린 혁신'은 일부기업의 마케팅 전략이 아니라, 전반적으로 주목받고 있는 경영트렌드이다. 일부는 여기에서 한발 더 나아가, '소셜'이나 'Co-creation'이라는 단어를 사용하면서 고객을 경영일선으로 끌어들이고 있는 기업들도 있다. 이미 언급한 델 컴퓨터가 대표적인 사례이다.

　델 컴퓨터는 신제품개발에 고객의 의견을 반영하기 위해, 아이디어스톰(Ideastorm.com)이라는 웹사이트를 개설했다. 그런데 재미있는 점은 접수된 고객의 제안에 대해 고객상담원이 선택할 수 있는 답변은 '검토 중'과 '처리됨'뿐이라는 사실이다. 다시 말해, '거절됨'이 없다. 고객의 의견을 100% 반영하여 개발한 신제품은 날개돋친 듯 팔려나갔고 델 컴퓨터는 2007년의 경영위기를 벗어나 2009년경 미국시장 내 PC 1위기업이 되었다.

　또는 최근에 주목을 받고 있는 퀴키 (quirky.com)도 한 번 살펴보자. 상당히 흥미롭다. 퀴키의 경우에는 신제품의 디자인에서부터 개선과 제안까지 모두 고객에게 맡겨버렸다. 회사는 그저 고객이 결정한 제품을 생산하는 것이 전부이다.

17) '열린 기업' 또는 '열린 혁신' 이라는 용어는 기업이 가지고 있는 기술이나 지식을 숨기지 않고 다른 기업이 활용할 수 있도록 로열티를 받고 허용하거나 반대로 다른 기업이 가지고 있는 기술이나 지식을 사용하는 개념을 말한다.

열린 혁신이라는 것은 비단 대기업들만의 이야기는 아니다. 작은 수퍼마켓이나 학원, 심지어는 개인에게도 열린 혁신의 도입이 필요하다. 열린 혁신이 사업체를 어떻게 바꿀 수 있는지 다음의 실화를 한 번 살펴보자.

지난 2005년경, 시흥시의 K 대형 입시학원에서 근무하던 A씨는 자신이 근무하는 학원의 폐쇄성에 진저리를 치고 있었다. 그 학원은 모든 강사에게 정장을 입고 강의를 할 것을 요구했고 학생 한 명, 한 명의 성적보다는 학생들의 마음을 움직이는 데 직접적인 영향을 끼치는 학부모들을 더 신중하게 관리하곤 했다. A씨는 그러한 요구가 학부모에게 보여주기식 운영에 불과하다고 판단하고 직접 학원을 열기로 마음먹었다. 그렇게 마련된 P학원이 오픈할 당시, 학생수는 겨우 5명. 자금에 여유가 부족하다 보니 광고를 할 생각도 하지 못했다. 하지만 학생 한 명, 한 명을 꼼꼼하게 지도했고 특히 교재를 제작할 때 학생들의 의견을 100% 수렴했다. 그리고 학원 운영에 문제가 발생할 때마다 학생들과 학부모들에게 문제의 원인을 가감없이 공개함으로써 질타를 받는 것을 당연시 생각한다는 것이 K학원과의 차이점이었다. 결과는 어떻게 되었을까? 문제가 발생할 때마다 솔직하게 공개하고, 질타 받는 것을 두려워하지 않는 모습을 본 학부모들은 그것을 오히려 긍정적으로 평가해주었고, 개선방향을 지속적으로 알려주었다. 심지어는 그러한 사실이 학부모 모임을 통해 주변에 전파되기 시작하면서 학생 수가 기하급수적으로 늘어나기 시작한 것이다. 결과적으로 학원생 5명짜리 P학원이 K대형입시학원과 같은 규모로 성장하는 데는 2~3년도 채 걸리지 않았다.

우리가 인정할 수밖에 없는 사실은 '고객은 우리의 기대보다 똑똑하다'라는 것이다. 그리고 소비자가 경영에 참여하는 시대가 오고 있다는 것은 부정할 수 없다. 어떤 바보가 감히 '고객들은 자신이 뭘 원하는지 모른다'라고 주장을 했는가? 이제 더 이상 그 주장은 먹히지 않는다. 고객은 이미 똑똑해질 대로 똑똑해져서 기업의 경영에까지 참여하려 하고 있다. 고객이 직접 S/W개발에 참여하는 아이폰이 출시된 이후로 삼성의 휴대폰사업이 계속 고전하고 있다. 2010년도 애플의 매출액은 203억 달러로 이미 마이크로소프트의 매출액(162억 달러)을 훌쩍 넘었다. 또한 삼성전자 전체의 영업이익(4.1조)보다 더 많은 5조 원을 기록했다. 애플의 적극적 공세에 놀란 구글이 애플을 공격하기 위해 선택한 전략 역시도 '오픈'이다. 구글은 애플보다도 더 많은 소스를 개방하여 스마트폰 OS시장을 빼앗으려 하고 있다. 과연 구글의 도움 없이도 삼성이 애플을 따라잡을 수 있을까? 고객의 목소리에 귀를 기울이지 않는 기업들이 쇠퇴의 길을 걸을 수밖에 없는 시대는 이미 왔다.

Epilog

졸업시즌이 다가오기 시작하면서, 많은 이들이 졸업 이후의 취업자리를 놓고 고민하기 시작했다. 몇몇 아이들은 MBA에 들어오기 전부터 대기업으로부터 이미 스카웃 제의를 받은 상태였고 몇몇 아이들은 졸업시즌에 들어서면서 회사로부터 연락을 받기 시작하는 경우도 있었다. 동유럽이나 중동과 같은 나라에서 온 친구들은 졸업 이후에 유럽에 남고 싶어 하는 경향이 강했고, 중국이나 미국과 같은 나라에서 온 친구들은 자신의 나라로 돌아가는 것이 자신의 능력을 살릴 수 있는 방법이라고 믿는 듯했다. 하지만 학생들 중 대부분은 졸업 전에 미리 스카웃을 받는 식으로 취직을 할 경우, 그 회사에 오래 머물러야 하기 때문에 장기적으로 선택의 폭이 좁아진다며 졸업 전에 미리 직장을 선택하는 것을 망설이고 있는 듯 했다.

스웨덴의 필기 시험은 생각하면 생각할수록 흥미로운 경험이었다. 스웨덴 친구의 말로는 F를 많이 받는 것은 우리 학교만이 아니라 스웨덴 학교에 전반적으로 일어나는 현상이라고 했다. 우리 학교의 F행진 또한 그 후로도 계속되어, 시험 총원 100여 명 중 20여 명의 학생들만이 패스를 받는 일이 보통이었고, 특히 마지막 과목인 사람과 경영의 경우에는 응시학생 총 70명의 학생들 중, 겨우 8명만이 패스를 받아, "끝까지 쉽게 넘어가려 하질 않는구만!"이라는 원성을 사기도 했다. 심지어 독일, 프랑스에서 온 친구들도 스웨덴의 시험이 자기 나라보다 어렵다고 투덜대기도 했다.

이따금씩 사람들은 MBA를 하면 월급이 많이 오르냐고 묻곤 한다. 하지만 나는 월급을 올리기 위해서 MBA를 하는 것은 바람직하지 않다고 생각한다. 또한 MBA를 마쳤다고 해서 그 사람들이 모두 성공적인 삶을 살게 될 것이라고 생각하지도 않는다.

영국에서 놀러왔던 친구, 산제이가 말했듯이, MBA라는 것은 그저 성장할 수 있는 발판을 만들기 위한 작은 가능성을 열어준 것, 그것이 MBA의 역할일 뿐이다. 앞으로 내가 헤쳐가야 할 길에는 아직도 많은 어려움이 도사리고 있다. 그럴때마다 나는 이렇게 외치곤 한다. "그래? 밤을 세워야 한다구? 하하 재미있겠는데?" 긍정적으로 생각하는 힘. 그것이 나를 여기까지 끌고 왔다.

MBA는 나의 인생에 변화를 주었다. 변화라는 것은 사실 상당한 노력과 인내를 요하는 작업이다. 그만큼 고통스러운 작업이기도 하다.

사람과 경영의 마지막 수업에서 한 번은 교수가 유난히 목소리를 높여 변화를 강조한적이 있다.

"The Conflict is a motive of change. if you don't change now, you will die(마찰은 변화를 만드는 동기입니다. 지금 변하지 않으면 죽게 됩니다)."

그러면서 그 교수는 컨설팅사에서 일할 당시의 경험을 털어놓았다.

이전에 제가 맥킨지에서 컨설턴트로 활동할때, 고객사를 컨설팅해준 뒤에 강한 어조로 말했습니다. "변해야 합니다."

고객은 고개를 끄덕이며 변하겠다고 대답했습니다. 그래서 제가 되물었습니다.

"정말로 변하실 겁니까?"

고객은 매우 긍정적인 표정을 지어보이며 대답했습니다.

"물론입니다."

그래서 제가 다시 대답했습니다.

"안 그러실 것 같은데요."

교수님의 경험에 의하면 맥킨지의 컨설팅을 받은 고객사의 100%는 '변하겠다'고 응답했고, 그 중 90%는 변하지 않았다고 한다. '변하겠다'라고 말로만 되뇌이고 있는 것이다.

"변해야 한다고? 무엇을? 어떻게? 왜?"

MBA는 이 많은 질문들 중, 어느 것에도 대답해주지 않았다. 다만, 그것을 어떻게 알아내는지를 가르쳤을 뿐이다.

MBA가 계속 강조했던 것.

"Balance between(중도)."

우리는 그 '중도'라는 개념을 반복적으로 학습했다.

수업시간에 교수가 "개개인의 성격은 조직의 문화에 막대한 영향을 미칠 것이다"라고 제시하면, 학생들은 반대로 "조직의 분위기가 성격을 만들어가기도 한다"라고 반박한다. 대부분의 수업에서 아이들은 교수가 제시하는 이론에 반론을 주장하도록 훈련되었다.

아마 누군가 우리에게 "외계인은 존재한다"라고 주장한다면 학생들은 외계인이 존재하지 않는다는 증거를 수십 가지는 제시하려 할 것이다. 하지만 그 사람이 "외계인이 존재하지 않는다"라고 주장한다면 아마도 그들은 외계인이 존재한다는 증거를 찾으려 할 것이다.

모든 명제를 균형잡힌 관점에서 바라보고 비판할 수 있는 능력을 기르는 것. 이것이 바로 우리 학교가 학생들에게 가르친 모든 것이었다.

*** 꿈을 꾸는 아이

수원에 몸이 유난히 약한 아이가 있었다. 이 아이는 축구를 좋아해서 매일같이 뛰어다녔다. 재능은 있었으나 선천적으로 몸이 약한데다 평발 때문에 축구를 하는 게 쉽지 않았다. 그래도 축구를 하겠다고 덤비던 아이는 고려대에 진학하고 싶어 했지만 고려대는커녕 어느 대학교에서도 받아주지 않아 진학할 수 있는 학교가 없었다. 결국 축구 코치의 인맥까지 동원해서 간신히 명지대학교에 들어갈 수 있었던 아이는 일본으로 건너가서 본격적으로 선수생활을 시작했다.

이 정도만 말하고도 누구의 이야기인지 벌써 감을 잡은 사람들이 있을지도 모르겠다. 두 개의 심장이라는 별명으로 유명한 박지성의 어린 시절 이야기이다.

꿈은 반드시 실현된다. 이 말은 백 번 해도 부족하지 않다. 다만 꿈을 꾸고 아무것도 하지 않으면 그것은 그냥 몽상으로 남는다. 그런데 꿈을 꾸고 그것을 실현시키기 위한 준비를 하기 시작하면 그것은 비전이 된다. 그리고 비전에 노력이 더해지면 현실이 된다. 꿈은 실현 가능성보다 약 10 배 크면 적당하다. 서울대를 목표로 공부하면 서울대는 못가도 연고대는 갈 수 있다고들 한다.

나는 약간 다르게 생각한다. 서울대를 목표로 공부하면 서울대는 못가도 서울대보다 나은 많은 기회를 얻게 된다. 단, 그 공부를 대학교 졸업과 함께 멈추지만 않는다면 말이다. 상당히 많은 사람들이 대학교 졸업과 함께, 그리고 직업을 얻게 되면서 공부를 멈추어버린다. 하지만 진짜 경쟁은 졸업과 함께 시작된다.

내가 22살이 되었을때, 친구가 나를 찾아와서 말했다.

"야, 나 영어공부 좀 해야겠다. 영어 좀 가르쳐주라. 학원다니기 쪽팔려서 그래."

난 그 말을 장난으로 받아들였다. 하지만 그 친구는 진지했다. 대충 중학교 내지는 고등학교 수준의 영어 문제를 몇 개 던져 주고 어느 정도나 되는지 실력을 테스트했다. 결과는 충격이라기보다는 황당함에 가까웠다.

조금만 과장해서 표현하자면 'apple'이라는 단어를 놓고 '에이, 피, 피, 엘, 이'는 아는데 '애플'이라고는 못 읽는 실력이었다면 어떨까? 아무리 공부를 안 했다지만 이렇게 안 했을 수도 있구나 싶었다. 학원 다니기 쪽팔릴 만했다.

그래서 나는 영어문장을 읽는 방법을 가르쳐주고 매일 한 챕터씩 진행하자고 했다. 그리고 약 세 달 뒤, 그 친구는 읽기를 마치고 쓰기에 들어갈 수 있었다. 그리고 1년 반 뒤, 그 친구는 어학연수를 위해 필리핀으로 떠날 수 있었고 지금은 국내의 한 외국인 기업의 전략기획부서에서 근무하며 나와 만날 때는 영어로만 의사소통을 하고 있다. 영어공부의 시작으로부터 반 년간의 어학연수까지 모두 더하면 약 2년. 그는 단 한 번도 학원에 등록하여 수업을 받은 적이 없다.

과장이 지나친 거 아니냐고? 실제로 있었던 사건이다. 더 정확히 말하면 나는 오히려 그 친구가 영어공부를 그렇게 열심히 할 거라고 그다지 기대하지 않았었다.

생각해보자. 고등학교 당시의 성적표가 항상 꼴찌에 가깝던 친구가 남들이 12년 동안 배워도 부족하다는 영어를 2년 만에 마칠 수 있다는 사실 말이다. 우리가 바친 영어에 바친12년은 과연 무엇이었는지 의문이다. 그 친구는 지금까지도 하루 1시간은 영어공부에 쏟고 있으니 1년 반 동안 하루도 빼지 않고 내가 시킨 대로 한 챕터씩 문제집을 풀어낸 성실함이 비결이라면 비결이겠다.

내가 가장 싫어하는 말이 '공부에 왕도는 없다'와 '사당오락(네 시간 자면 붙고 다섯 시간 자면 떨어진다)'이라는 말이다. 공부에도 분명 효율적인 방법이 있다. 다만 대충 할 수 있는 방법이 없을 뿐이다. 무조건 오래 공부해야 성적이 오른다는 것은 잘못된 말이다. 그 잘못된 말이 바로 생각을 많이 해야 하는 청소년들의 사고를 꼼짝 못 하게 만든 주범이다.

생각을 많이 하자. 그래야 머리가 바보가 되지 않는다.

당연한 것을 의심하자. 그래야 창의적인 사고를 할 수 있게 된다.

항상 '왜?'라는 질문을 던져라. 그래야 모든 일의 근원에 대한 궁금증이 생기기 시작한다.

내가 만났던 스웨덴 MBA가 나에게 가르쳐 준 것은 베일에 싸인 비밀 경영 기법이 아니라 토론과 질문을 던지는 방법이었다. 그런데 조금 고개를 돌려 주위를 둘러보면 스웨덴 MBA뿐 아니라 사회적으로 성공가도를 달리는 많은 사람들이 토론과 비판을 몸에 익히며 살아왔다는 사실을 발견하게 된다.

피터 언더우드는 연세대학교 설립자인 호러스 그랜트 언더우드 선교사의 4대손으로 현재 한국에서 경영컨설팅업에 종사하고 있다. 그가 쓴 《퍼스트 무버》라는 책을 들여다 보면 이런 내용이 있다.

"나는 어렸을 때부터 늘 아버지, 형과 함께 여러 문제에 대해 열띤 토론을 벌였다. 가족 사이에서 벌어지던 당시의 토론을 통해 내 생각과 다른 의견을 어떻게 받아들여야 하는지, 내 의견을 어떻게 설득시켜야 하는지를 배웠다."

언더우드 집안에서 자녀교육을 어떻게 시켰는지 제대로 알아볼 수 있는 대목이다.

*** 적게 가르칠수록 많이 배운다? 스웨덴식 교육법

이제 와서 뒤돌아보자면, 내가 본 스웨덴의 교육방법은 근본부터가 우리와 많이 달랐다. 무엇보다도 가장 달랐던 점은 스웨덴식 교육철학이었다. '적게 가르칠수록 많이 배운다.' 교수들은 수업시간에 아예 강의를 하지 않는 것을 당연하게 생각하고 있었다. 학생들이 직접 생각하고 연구해서 정답을 찾아내라고 요구하는 것이다. 스웨덴의 중고등학교의 수업방식도 마찬가지라고 한다.

스웨덴에서 장기간 거주했던 외국인들은 고국에 돌아가면서 역문화충격을 느끼게 된다고 한다. 스웨덴에 오기 전에는 보이지 않던 고국의 단점들이 스웨덴의 문화와 비교되기 시작하면서 심각한 후유증으로 다가온다는 것이다. 심한 경우는 향수병에 걸리는 경우도 있었다. 이것은 미국인이 나에게 이야기 해준 것이니, 스웨덴을 자기 나라와 비교하는 것은 비단 **나만의 문제는 아니었을 것이다.**

많은 사람들이 스웨덴이 복지시스템에 대하여 찬사를 보내지만 사실 스웨덴의 복지 패러다임은 매우 단순하다. 스웨덴에서 살고자 하는 사람이 기억해야 할 것은 단 한 가지다. '복지는 공짜가 아니다'라는 것이다. 스웨덴식 복지를 경험하려면 월급의 50%를 세금으로 내야 한다. 쉽게 말해, '많이 내고 많이 받을래? 아니면 적게 내고 적게 받을래?'의 질문에 스웨덴은 전자를, 한국은 후자를 선택한 국가라고 보면 된다. 직원복지를 의무화하여 직원들의 휴일일수를 늘리거나 임금을 인상하면 어떻게 될까? 그 기업은 더 높은 비용을 끌어안아야 하므로 생산물의 가격을 올릴 수밖에 없다. 모든 기업들이 생산물의 가격을 올리면 전반적인 생활 물가가 상승된다. 물가가 상승되면 당연히 공산품의 해외수출이 어려워진다. 스웨덴식 복지는 기본적으로 그런 부담감을 끌어안는 것이다.

스웨덴의 문화. 그 자체가 나에게는 위대한 스승이었다.

중도를 중시하는 비판 위주의 수업.

자율적으로 팀을 이루지 못하면 과제의 진행을 아예 허용하지도 않는 수업방식.

마지막 한 명까지도 존중하는 협력형 교육.

학생들이 직접 수업을 이끌어 갈 수 있도록 강의를 전혀 하지 않는 교수진.

창의적인 대답을 요구하는 문제들. 그리고 학생을 신뢰하는 시험장.

점수가 아예 표기되지 않는 성적표.

60~80%의 학생들이 매번 시험에서 낙제하면서도 아무도 낙담하지 않는 분위기.

'교수님'이라는 호칭 대신, 이름을 불러주기를 좋아하는 교직원들.

낙오되지 않도록 꾸준히 노력해야 하지만, 팀원들이 협력하여 얻은 점수를 공유하기에 왕따가 존재하지는 않는 팀.

이 모든 것들이 한국에서 자란 나에게는 참으로 낯설게만 다가왔다.

이러한 문화들이 하나씩 모여서 '세계 최저의 범죄율'과 '세계 최고의 양성평등', '최고의 혁신국가', '세계에서 가장 살기 좋은 나라'라는 명성을 만들어내는 것이 아닐까?

SWEDEN

스웨덴으로
유학을 가려면
어떤 절차를 밟아야 하나?

．
．
．

안타깝게도 스웨덴으로의 유학절차를 정확히 알고 있는 유학원은 아직 없다. 몇몇 인터넷카페 등에서 유학정보를 공유하고 있기는 하지만 대부분 '학교 측이나 대사관에 물어보라'는 답변을 주고 있는 편이다. 그래서 블로그에 공개했던 스웨덴 유학 신청 절차를 다시 한 번 정리했다.

*** 스웨덴은 학비가 무료이다?

2010년도 까지만 해도 자국인과 외국인을 포함한 모든 입학생에게 학비가 면제되었었다. 하지만 2011년도 입학생부터는 약 1,300만 원에 달하는 학비를 부과하기 시작했다. 하지만 스웨덴 정부 측에서는 학교 측에 자율성을 더 인정해주고 있는 편이기 때문에 학비문제에 대해서는 당분간 학교마다 약간씩 차이가 보일 것으로 생각된다. 실제로 몇몇 학교는 아직까지도 학비를 도입하지 않고 있다. (노르웨이와 핀란드는 아직 모든 학교의 학비가 무료이다.)

*** 잘만 하면 생활비도 무료라던데

유럽연합이 제공하는 에라스무스(Erasmus Mundus) 장학제도를 이용하면 매월 200만 원에 달하는 생활비와 학비 전액을 유럽연합에서 제공한

다. 하지만 이것은 주로 배울 기회가 적은 후진국 학생들에게 기회가 돌아가므로 한국인들이 얻을 기회는 많지 않다. 하지만 유럽역사와 같은 기초학문의 경우에는 국적에 상관없이 기회를 제공하기도 한다.

웹사이트 studyinsweden.se에서 희망하는 학교와 희망하는 학과를 정할 수 있다. 학부과정이나 대학원과정에 상관없이 상당히 많은 수업이 영어로 제공되고 있기 때문에 스웨덴어를 하지 못해도 학교 입학에 상관이 없다. 단, 대부분의 학교에서 영어실력을 증명하는 증빙서류를 요구하고 있기 때문에 토플이나 IELTS 등과 같은 점수는 필요하다.

웹사이트의 [Find Courses]로 들어가면 학과별, 학교별, 위치별, 규모별로 검색 및 정렬이 가능하다. 마음에 쏙 드는 학교를 골랐다면 이제 해당 학교의 홈페이지에서 내가 지원자격이 되는지를 확인하자. 지원자격은 학교마다 다르지만 일반적인 내용은 거의 유사한 편이다.

*** 대학원(석사) 지원자를 기준으로 보았을때,

1. 학사학위 (180학점 이상 이수자)

스웨덴에서 요구하는 180학점 (Cr)의 계산법은 국내와는 많이 다르다. 일반적으로 국내 4년제 대학을 졸업한 경우 120 ~140학점 정도가 부여되

는게 보통이지만 그것을 그대로 인정받으면 180학점은 충분히 달성되는 것이 일반적이다. 하지만 간혹 평가도중 학점미달이 발생하는 경우가 있는데, 이는 전공과목이 상이하기 때문이며 하지만 이것은 스웨덴에서만 그런 것은 아니고 미국의 대학교에서도 동일하게 평가된다. 예를들어 한국 XX대학교의 역사학과에서 전공과목 90학점에 부전공 경영학으로 20점을 취득하고 교양과목으로 10학점을 취득하여 졸업한 사람이 미국대학교의 경영학과로 편입이나 석사입학을 시도했을 경우, 해당학교에서는 교양 10학점과 부전공 20학점만을 인정한다. 이때문에 스웨덴으로의 진학을 시도하려한 학생들 중에, 학점미달로 고배를 마시는 경우를 종종 보았다.

2. 영어실력

(IELTS / TOEFL / Cambridge 등 / 영어권국가 졸업장으로 대체가능)

나머지는 해당 학과에서 추가자격을 결정하며 일반적으로는 서류전형만으로 당락이 결정된다. 그것을 확인하려면 해당 학교의 모집요강을 직접 확인하는 수밖에 없다. 왼쪽의 화면은 스톡홀름대학교(www.su.se)의 국제전략경영(MBA) 120학점, 2년과정 프로그램의 모집요강화면이다.

해당학교의 지원자격에 내가 부합된다고 판단했다면 다음으로 할일은 지원날짜를 확인하는 것이다. 지원날짜는 매년 국가에서 일괄적으로 정하므로 모든 학교가 동일하다. 지원날짜의 경우, 매년 다르지만 일반적으로 연초이며, 유럽인이 아닌 외국인은 서류준비를 12월경에 마쳐야 제날짜에 지원할 수 있다.

내가 지원한 2009년의 경우, 지원날짜가 다음과 같았다. (외국인 기준)

- 웹사이트 공개: 2008년 12월 1일
- 지원서 마감: 2009년 1월 15일
- 서류도착 마감: 2009년 2월 2일
- 합격여부 발표: 2009년 5월 7일
- 학기시작: 2009년 8월(학교마다 다름)

학교에 지원하기 위해 준비해야 할 서류들은 다음과 같다.

1. Cover sheet-지원서 겉표지(온라인 지원 시에 홈페이지에서 제공됨)

2. Certificates and diplomas from previous education at an internationally recognised higher education institution-학위증명서 사본(대학 졸업장으로 영문이어야 함 / 만일 미국대학교 졸업자일 경우 졸업장을 학교에서 직접 보내야 함)

3. Transcripts of completed courses and grades(including course list) - 성적증명서 사본(역시 영문으로 준비, 가장 최근의 성적표를 가장 위에 올려놓을 것)

4. Proof of English language skills-영어성적증명 (토플점수 / 영어권국가졸업장 등등 원본이어야 함)

5. Proof that you meet the specific entry requirements-해당학과에서 요구하는 특별자격 증명 (자기소개 / 학업계획서 / 추천서 / 이력서 등등)

6. A copy of the page in your passport with your personal data and photograph or some other document of identification-여권사본

대략적인 서류가 파악이 되었다면 이제 날짜에 맞추어 지원서를 작성하면 된다. 지원은 www.studera.nu에서 할 수 있으며 다른 곳에서는 전혀 서류를 받지 않는다. 응시료는 2011년 기준, 900SEK(약 15,000원)으로 책정되어 있으며 한 번 내면 같은 학기 내에서는 몇 번을 응시하건 상관없이 무료이다. Studera.nu는 생김새나 구조가 쇼핑몰과 유사하게 생겼으므로 회원가입 및 지원서작성에 큰 어려움을 느끼진 않을것이다.

1. 회원가입을 하고
2. Course Search메뉴로 들어간다.
3. 학과를 고르고
4. 해당학과가 설치된 학교를 고른다.
5. 장바구니에 담는다.
6. 제출한다.

자 studera.nu에서 쇼핑(?)을 마쳤으면 이제 My page에서 쇼핑한 물건들이 잘 담겨 있는지 확인해보자. [Your Application]을 눌러보면 다음과 같은 화면이 나온다.
자 이제 석사과정을 위한 지원서가 완성되었다.

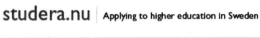

● Follow application으로 내 지원서의 현 상황을 확인할 수 있다.

● View/Edit application으로 내 지원서를 수정하거나 삭제할 수 있다.

이제 Follow application을 눌러 들어가보면 아래와 같은 화면을 만날 수가 있다.

studera.nu | Applying to higher education in Sweden

studera.nu in English /loggedin_email_en

loggedin_email_en

- Log out
- Course search
- Your application
- Your profile

🖨 Print page

Apply for courses and programmes

Your application --> View your application

International Masters Programmes Autumn Semester 2009

Messages: A total of 0 , out of which 0 new Read more

Documents received: 2008-12-05
Documents received: 2009-01-30
Documents received: 2009-02-26
Documents received: 2009-02-27
Documents received:

Under assessment

Here are the preliminary results of the assessment of your application. Please note that your application will be processed in several steps. The dates shown at the top indicate the **arrival date** of your documents. The processing however may take up to several months.

Should an application alternative be marked 'Not processed' or 'Under assessment' this indicates that the course or programme has not been fully processed yet. The preliminary results are based on the qualifications you have submitted up to a certain date.
Open cover sheet (open in a new window)

Mooyoung Son
Application number: MASTERH09 / 1683716

Application alternative - preliminary evaluation Read more

Prio	Code	SG	MR
1	SU-31219	-	-
	Master Programme in International Strategic Management 120cr, Day-time, 100% *Study programme* Normal teaching Stockholm University, Stockholm Advanced level		

Prio	Code	SG	MR
2	SU-43373	-	-
	Master?s Programme in Strategic IT Management 120cr, Day-time, 100% *Study programme* Normal teaching Stockholm University, Stockholm Advanced level		

Prio	Code	SG	MR
3	LIU-91000	-	-
	Business Administration - Strategy and Management in International Organisations 120cr, Day-time, 100% *Study programme* Normal teaching Linköping University, Linköping		

이제 할 일은 제출서류를 준비하는 일이다. 중간의 Open cover sheet(open in a new window)을 눌러 겉표지를 인쇄한 다음 준비한 나머지 서류의 맨 앞장에 놓는다. 단, 절대로 클립이나 스테플 등 서류들을 한데 묶는 도구를 사용해서는 안된다. 이는 STUDERA.NU의 서류 관련 주의사항에 명시되어 있으므로 참고하자. 준비된 서류는 요강일정에 너무 늦지 않도록 아래 주소로 보낸다.

University Studies in Sweden

FE 1

SE-833 83 Stroemsund

SWEDEN

서류를 꼼꼼하게 체크하여 Stroemsund으로 보냈다면 이제 내가 할 일은 끝났다. 결과를 기다리며 지루하고도 긴장되는 4개월의 인생을 즐기는(?) 일만 남았다.

서류가 Stroemsund에 도착하면 최장 4~5주 내에 서류가 도착했음을 알리는 이메일이 도착한다. (도착한 서류가 분류되어 스캔된 다음에 메일이 발송되기 때문이 시간이 상당히 걸린다)

또한 종종 STUDERA.NU에서 Your Application을 확인해주면 서류가 언제 어디에 도착했는지의 상황을 확인할 수 있다.

Your Application을 확인할때는 최하단의 <u>Messages</u> 항목을 꼭 체크하자. 이 항목은 서류심사관이 해당서류와 관련하여 할 말이 있을 때 기재되는 항목인데, 유의할 점은 별도로 이메일이나 전화가 오지는 않는다는 것이다. 평가가 진행되는 동안에는 주로 특정서류가 빠졌거나 서류에 문제가 있을 때 메시지가 기재되며, 평가가 끝난 다음에는 주로 합격자에게 해야 할 일을 알려주거나, 탈락한 사유가 기재된다. Message에 내용이 기재되었는데 무심하게 있다가는 서류가 지원한 학교에 들어가서 경쟁이 시작되기도 전에 서류미비로 탈락될 수 있으니, 민감하게 반응하여 즉시 오류를 수정해야 한다. 다행히도 서류미비 등으로 늦게 제출한 서류 등에 대해서는 제출마감 시한이 지났는데도 관대하게 받아주는 듯하다.

서류접수의 최종시일이 지나고 어느정도 시일이 더 지나면 해당화면에서 나의 점수를 파악할 수 있다. 대략적인 점수를 고지받기까지의 시간은 매우 길다.

나의 경우에는 일정이 다음과 같이 처리되었다.

원서작성일자: 2008년 12월중

서류제출일자: 2009년 1월중

서류제출마감: 2009년 2월 1일

서류미비통보: 2009년 3월초

미비서류제출: 2009년 3월말

MR점수발표: 2009년 4월 중순

합격여부발표: 2009 5월 7일

어느정도 시간이 지나면 학교 측에서 지원서를 평가하고, MR(메리트)점수를 알려준다.

높은 MR점수를 받았더라도 이 점수는 내부평가자료일 뿐이므로 대강의 예상만으로 생각하고 절대기준으로 삼으면 안된다.

몇몇 STUDERA.NU관련 외국 블로그에서 스웨덴학교에 지원한 사람들이 자신의 MR점수를 공개하며 서로 정보를 공유하고 있으므로 참고해도 좋겠다.

SG(경쟁그룹) 과 MR(메리트랭킹) 점수는 학교마다 다르게 운영되고 있는데, MR으로 받을 수 있는 최고점수도 학교마다 25점 / 52점 / 150점 / 999점 / 1200점 / 99999점 등 다양하고 심지어 어떤학교는 랭킹으로 1위~999위를 표

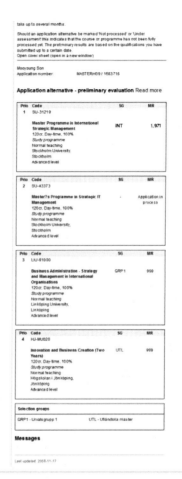

기하기도 하기 때문에 다른그룹에 속한 사람과 점수를 비교하는 것은 무의미하다고 봐야한다.

또한 특정 몇몇 그룹을 제외하면 높은 MR을 받은 지원자의 수가 최종합격자의 수보다 많기 때문에 MR을 만점받았다고 해서 미리 좋아할 필요도 없다. 결국 최종 결과가 나와봐야 아는 것이다.

SG의 경우 보통 해당학교에서 정한 스웨덴어 약칭인 경우가 많다. 일부는 의미가 인터넷에 공개되었지만 일부는 아직 발견하지 못했다.

LUMAS = LUND UNIVERSITY MASTER

INT08 = INTERNATIONAL 08

MAAU

BG-bedömning grupp (assessment group)

GRP1 = Urvalsgrupp 1(GROUP 1)

HV

UTL-Utländska master(Foreign Master)

UB-Utlandska akademiska meriter(foreign academic qualifications)

IB-Individuell bedömning(Individual assessment)

DA = DIRECT ADMISSION(합격 확정그룹)

AU-???(DA그룹의 뒤를 잇는 차선그룹)

DA그룹에 속한 사람들은 매우 특별한 경우로, 자격이 매우 출중하거나 또는 지원자의 수가 적은 경우(미달)이다. DA그룹에 MR 999를 받았다면 미리 기뻐해도 되겠다. 이 사람들은 이미 95% 이상의 합격률을 확보한 셈이다. AU그룹에 MR 999를 받았다면 어느정도 안정권이라고 볼 수 있다. 이 사람들의 합격률은 75% 이상이다.

나머지 그룹에 속했다면…… 제출한 원서는 경쟁중이며 합격할지의 여부는……

아. 무. 도. 알. 수. 없. 다.

인터넷에는 다양한 그룹의 studera.nu 지원자들이 자신의 점수를 공개하며 의견을 나누고 있다. 그중에 Facebook에 개설된 카페가 유용하다. 자신의 학과코드와 MR을 넣으면 동일학과에 지원한 사람들의 MR을 모두 보여주는 시스템을 가지고 있어 다른 사람들과 비교해보면 당락의 여부를 짐작해볼 수 있다. (http://www.facebook.com/studera.nu)

합격자발표일이 하루 이틀 남으면 STUDERA.NU의 지원서 페이지가 닫히고 '최종 결정 진행 중'이라는 간략한 멘트만 표시된다. 이 기간에는 STUDERA나 학교에 어떠한 MR관련 문의를 보내도 '결과 나온 뒤에 얘기하자'라는 응답만이 돌아온다. 이제는 그저 마지막 기도만 남아있을 뿐이다.

합격자 발표일이 되면 STUDERA.NU의 상태페이지가 다음과 같이 바뀌게 된다.

결과페이지에서 알아야 할 점은 Selection 상태가 1.Admitted(합격) 2. Res(대기) 3. Deleted(탈락) 의 세 가지로 구분된다는 것이다. 모두 합격이 되었을 경우는 크게 걱정할 일이 없겠지만 만일 탈락이나 대기번호가 뜨게 되면 해야 할 일이 생기게 된다.

지금까지 거쳐온 과정은 Round 1으로 첫번째 합격자 발표에 불과하므로 이제부터 Round 2에 돌입해야 하는 것이다. Round 2는 합격처리된 지원자가 진학을 포기했거나 제 날짜에 입학수락을 하지 않았을 경우, 대기자중에서 합격자를 가리는 과정이다.

한국의 대학교의 경우 그저 기도를 하면서 기다리면 되는 것이 보통이지만 스웨덴의 경우 약간 다르다. Round 1종료로부터 Round 2까지의 중간기간이 약 3주 정도 진행되는데, 이 기간 동안 지원자는 '내가 탈락되어서는 안 되는 이유'를 해당 학교에 강하게 어필해야 한다. 만일 탈락한 학생이 Round 2까지 아무일도 하지 않는다면 그것은 바로 '탈락'을 인정하는 것으로 간주되며, 학교 측에서는 학교의 입맛에 맞는 학생을 선출한다.

합격을 통보한 학교의 경우, 학생의 e-mail로 아래와 같은 웰컴편지를 보내준다. 더불어 지금부터 해야 할 일을 상세하게 설명해 주는데

1. 비자(거주허가증)을 받는데 6~8주가 걸리므로 빨리 대사관에 가서 신청할 것

2. 모월 모일까지 이메일로 학교에 입학할 것인지에 대한 여부를 통보할 것

3. 모월 모일에 학기가 시작되므로 그 전에 도착할 것

등등.

Dear SMIO Master Student,

Linköping University

We are pleased to inform you that you have been accepted to Linköping University and we would like to welcome you to the Business Administration master program of Strategy and Management in International Organisations (SMIO). You will be part of an international class to which students from more then 30 different countries have been accepted, which means you will have the opportunity to get to know people from Europe, Asia, Africa, North and South America. What could be a better setting for learning about international organizations and organizing?

You have secured a place on this program in competition with more than 2000 applicants, so we will expect a lot from you. The coming two years will be filled with learning opportunities where you will be reading, listening, discussing, thinking, analyzing, solving problems and writing, but also demand that you take responsibility, organize, lead, and support other people. Make sure that you make the most out of every opportunity. Moreover, these two years will provide challenges on a more personal level. For most of you, this program will be a big step in your life, meaning that you will pack up your belongings, say goodbye to your friends and family and move to a foreign country. That is a challenge from which you will gather important experience and grow as a person.

The information pack that came with your admission letter will help you figure out the basics of life in Linköping. In addition, the SMIO Big Brothers and Sisters have set up a Google Group (http://groups.google.com/group/smio) with useful links and hints, where you can post questions to our senior master students and also get in touch with your future classmates. Additionally to that, you can visit the SMIO-webpage (www.iei.liu.se/program/smio) where we regularly add new information, so make sure that you visit the site often.

To prepare for the start of the program we need to know that you actually intend to be here in August and be part of the program, and we therefore first ask you to confirm your admission by sending an email to Jörgen Ljung (Jorgen.ljung@liu.se) no later than May 31st. And then, when you have booked your tickets, we would also like to know when you will arrive in Linköping.

Your first course will deal with Leadership and Organization and has been designed to ease socialization and make you get to know each other. Our hope is that it will help you form strong friendship bonds for the future.

Once again, welcome to SMIO, we look forward to meeting you in August.

Best wishes,   (Linköping, May 11, 2009)

Jörgen Ljung
SMIO Program Director

Marie Bengtsson
Course Director Leadership & Organization

[합격 통지서]

내가 학교로부터 전달받은 '유학생이 학교생활 초반에 해야 할 일들' 메일에는 이렇게 써 있었다.

☑ 학교 오기 전

1. 'YES' 답장 보내기
2. 기숙사 홈페이지에 회원가입하기
3. 비자와 보험증서 만들기
4. 비행기표 만들기
5. 기숙사 신청하기
6. 스웨덴어 수강 신청하기
7. 힉교에 넻월, 몇일, 몇시쯤에 학교에 도착한다고 알려주기

☑ 학교 온 이후

1. 버스카드 / 자전거 구입하기
2. 기숙사 방 확인하기

☑ 학교에서

1. 학생회비내기
2. 학생증 신청하기
3. 첫 수업 교재 구입하기
4. 학생증 수령하기
5. 학교 내에서 통용되는 복사카드 구입하기
6. 입학처에 가서 졸업한 대학교 졸업장 / 성적표 원본 보여주기
7. 세무소에 가서 주민번호 받기
8. 은행계좌 열기

Q 만일 1지망이 '대기'이고 2지망이 '합격'인데 1지망학교로 꼭 가고 싶다면 2지망학교에 'Yes'를 보내야 하나요?

A 우선 2지망 학교의 편지에 'YES'를 보내둡니다. 2nd Round 종료 시, 1지망 (대기) 학교에서 합격통보가 오면 그냥 1지망 학교로 옮기면 되지만 제 날짜까지 2지망 학교에 'YES' 통보를 보내지 않으면 자동 탈락되기 때문입니다.

Q 미국보다 스웨덴이 낫다고 생각하시나요?

A 미국이 나을지, 스웨덴이 나을지에 대한 질문은 아무래도 어느 학교, 어느 학과 또는 스웨덴까지 오는 목적에 따라 다양한 결론이 나올 듯 합니다. 저의 경우에는 우리나라가 벤치마킹 하려고 하고 있는 스웨덴식 교육방법을 직접 배웠다는 점에서 미국보다 나은 선택을 했다고 자부하고 있지만 미국으로의 유학은 그것 나름대로 많은 장점을 가지고 있을 거라고 생각합니다.

Q 제가 총 네 개 대학에 지원을 했는데요, 그렇다면 서류도 총 네 묶음으로 보내야 하나요?

A 아닙니다. 스튜데라 측에서 스캔을 해서 스캔사본을 각 대학에 전산 발송하는 시스템이기 때문에, 대학 측이 요구한 특별서류가 아니라면 한묶음이면 족합니다.

Q 토플성적표에 관한 질문입니다. 혹시 한미교육위원단의 성적표 재발행을 신청하셔서 사본을 보내셨나요? 원래 원본은 본인이 가지고 있고 사본은 한미교육위원단에서 보내주는 형식이잖아요.

A 저는 토플성적표를 제출하지 않았습니다. 학사학위가 미국이거든요. 적절한 답변을 드리지 못해 죄송해요.

Q 1월 15일까지 원서 마감이라고 하셨는데 지원하고 원서를 보내는게 1월 15일인 건가요? 아님 studera 장바구니에 지원을 완료하는 게 1월 15일이라는 건가요?

A 1월 15일은 스튜데라에서 지원을 완료하는 일자입니다. 지원을 마치신 뒤에 관련 서류를 보내셔야 합니다. 그리고 그 서류는 2월 1일이 되기 전에 스웨덴에 도착해야 합니다.

Q 서류를 보낼 때는 서류봉투 안에 서류를 넣은 뒤에 봉투 앞에 제 주소랑 학교주소를 적고, 안에 cover sheet을 부착하면 되는건가요? 그렇다면 대학성적증명서, 졸업증명서, 학업계획서 등을 다 묶어서 cover sheet 1장을 맨 위에다 놓는 건가요? 아니면 각 증명서들마다 cover sheet들을 놓아야 하나요?

A 서류에는 스템플러를 사용하지 말고 구멍을 뚫어 철을 하는 것도 하

지 마세요. Cover sheet 는 1장만 인쇄하시면 됩니다. 인쇄하신 것들 맨 앞장에 그냥 얹으시면 되지요. 봉투 겉면에는 STUDERA쪽 주소 하고 보내는 사람 주소만 적으시면 됩니다. 학교주소는 cover sheet 에 이미 있으니까 필요없을 듯하네요.

Q Studera에 보니까 one application이라고 해놨던데 지망하는 학교가 여러 개더라도 성적표를 비롯한 증명서는 하나만 넣는건가요?

A SP, 맞습니다. 지원서는 한 개만 보냅니다. STUDERA에서 모두 스캔 떠서 이미지로 각 학교에 보내거든요. 보내실 건 지원서 1개+각 학교에서 요구하는 추가사항이 전부입니다.

Q Studera에 보니까 Do not send the original documents라고 써 있던데, 무슨 의미인가요?

A 원본을 보낼 필요는 없다는 말입니다. 원본은 합격 후에 학교에 직접 제출하시게 됩니다. 하지만 졸업하신 학교가 영어권인 경우에는 원본을 해당 학교에서 직접 발송하도록 요구하고 있습니다. 덕분에 저도 학교에 전화해서 STUDERA 주소 불러주고 난리를 쳤네요.

Q cover sheet의 개념이 뭔가요? 우편 발송할때 성적표하고 같이 넣는건가요? 영어로 된 성적표 넣는거 맞죠?

A Cover sheet은 원서제출을 완료하면 my page에 자동으로 생겨납니다. 그거 열어보면 이름, 번호, 주소, 학교명 등등 잔뜩 써 있는 페이지를 만나게 되는데요 그거 수정하지 말고 그대로 인쇄해서 지원

서류뭉치 제일 앞에 얹어주시면 됩니다. 단, 스테플이나 풀, 클립 어떠한 것도 사용하지 마시고 그냥 뭉치째로 서류봉투에 넣으시면 됩니다. Studera 쪽에서 한 해에만도 수만 명의 원서를 상대하다보니 헷갈려서 만들어 놓은 장치입니다. 특별한 건 아니에요. 물론 발송하실 성적표는 영문이어야 합니다. 만일 영문이나 스웨덴어가 아닌 성적표를 발송할 경우에는 '이 성적표가 제대로 된 성적표다' 라는 것을 증명할 수 있는 기관에서 공증을 받아서 함께 발송하셔야 합니다.

Q 혹시나 토플 성적이 미달이라면 아예 합격가능성이 없어지나요?

A 토플의 경우 학교마다 요구하는 조건이 다른데요. 토플 점수가 학교에서 요구하는 점수보다 미달인 경우 아예 서류가 STUDERA 측에서 학교 측으로 전달이 되지도 않기 때문에 지원을 하는 의미가 없을 듯 합니다.

Q 토플성적표가 아직 안나와서 그런데요. 제 날짜에 서류를 제출하지 못하게 되면 어떻게 해야 하나요?

A 만일 토익 성적표가 발표되는 날짜 때문에 문제가 되는 거라면 STUDERA 측에 메일을 보내 두면 답신이 올겁니다. 저도 서류를 보냈는데 대학교 성적표를 잘못 보내서 어떡하냐고 물었더니 다시 보내라고 그래서 2주 늦게 다시 보냈거든요. 별 이상 없이 통과시켜주었어요.

Q 2월 1일까지 서류 도착이라서 일찌감치 TNT국제배송 서비스를 통해서

보냈고, 배송업체 홈페이지를 통해 1월 14일에 잘 도착했다는 Tracking Message를 확인 했는데요. 아직도 Studera Application에는 'No documents received'라는 사인만 뜨네요. 원래 서류 도착 확인이 이렇게 늦어지는 건가요?

A 맞아요. STUDERA 측은 지금쯤 아마도 수만 통의 서류들을 분리하느라 정신 없을 겁니다. 저도 12월 5일 이렇게 떴지만 그게 뜨기 시작한 건 한참 뒤였어요. 정확하지는 않지만 제 기억으로는 2월 지나서 떴던거 같습니다. 걱정마시고 느긋하게 기다리심이 좋을 듯합니다.

Q 학교 측에서 제가 180 ECTS를 증명해야 한다고 하더군요. 이것을 어떻게 증명해야 하나요?

A 180 ECTS는 180학점을 말하는 것인데요, 영문으로 학부 성적증명서와 졸업증명서를 제공하시면 됩니다. 간혹가다가 시스템의 차이로 4년제를 졸업했음에도 180학점이 안되는 경우가 발생하기도 하는데요, 이렇게 되면 약간 골치가 아파집니다. 1년을 학점은행제 식으로 더 수강하여 180점을 채워 진학한 사례도 있었고요, 어떤 분은 학교 측에 박박 우겨서 간신히 패스된 경우도 보았습니다.

Q 오늘 MR점수가 발표되었는데요, 'acc in s g'라고 합니다. 이것은 무슨뜻인가요?

A accepted in selected group입니다. 합격자 명단에 들어가신 듯하네요.

Q 제가 졸업학점이 173학점이었는데 180 ECTS가 안된다고 자격요건이 불충분하다고 나왔어요 어떻게 안 되는 건가요?

A 대학에서 그렇게 떨어뜨리면 별 도리가 없습니다. 죽어라고 우겨보세요. 그렇게 해서 안 되면 방법이 없습니다. STUDERA 측 말고 학교 측에 직접 문의하세요. 학점제도가 달라서 그런 거다, 결국 같은 졸업장 아니냐 이런 식으로 우겨서 패스된 경우가 있긴 있었습니다. 하지만 그렇게 해서도 안 되서 결국 학점은행제도로 학점 채우고 스웨덴으로 유학 간 분들도 있습니다.

Q 어제 대학원에서 합격 통보를 확인했습니다. 제가 학교 측에 합격에 응하여 입학하겠다는 메일을 보내야 하나요? 아니면 개인적으로 연락을 취해야 하는지요? 그리고 입학 통지서는 언제쯤 받아볼 수 있을까요?

A 축하드립니다. 가급적이면 빨리 입학하겠다는 메일을 학교 측에 발송하는 것이 좋습니다. 메일이 제때 도착하지 않으면 입학할 의사가 없는 것으로 판단하고 다음 사람을 뽑아버리거든요. 아, 그리고 아무리 기다리셔도 합격통지서나 입학통지서는 오지 않습니다. 스튜데라에 접속하셔서, '합격' 이라고 쓰여 있는 화면과 학교 측으로부터 받은 이메일을 인쇄하셔서 스웨덴대사관에 제출하시면 됩니다. 저의 경우에는 심지어 합격통지서라고 보내준 이메일에 심지어 이름조차도 안쓰여 있더군요. 국제학생증 만드는 데 애를 좀 먹었습니다.